UF0044

FUNCIÓN DEL MANDO INTERMEDIO EN LA PREVENCIÓN DE RIESGOS LABORALES

UF0044

FUNCIÓN DEL MANDO INTERMEDIO EN LA PREVENCIÓN DE RIESGOS LABORALES

Elsa Rubio Duce

La ley prohíbe
fotocopiar este libro

UF0044 - Función del mando intermedio en la prevención de riesgos laborales
Thema: LNHH Prevención de riesgos laborales
Bisac: LAW054000
© Elsa Rubio Duce
© De la edición: Ra-Ma 2025

Editado por:
RA-MA Editorial
Calle Jarama, 3A, Polígono Industrial Igarsa
28860 PARACUELLOS DE JARAMA, Madrid
Teléfono: 91 658 42 80
Fax: 91 662 81 39
Correo electrónico: *info@grupoeditorialrama.com*
Internet: *www.ra-ma.es* y *www.ra-ma.com*
ISBN: 979-13-8776-436-4
Depósito legal: M-11014-2025
Maquetación: Antonio García Tomé
Diseño de portada: Antonio García Tomé
Filmación e impresión: Safekat
Impreso en España en mayo de 2025

A mi familia.

ÍNDICE

ACERCA DE LA AUTORA

Elsa Rubio Duce Graduada en Antropología Social y Cultural y con una pasión innata por la redacción y creación de contenido. Profesional autónoma especializada en la gestion de proyectos editoriales y el desarrollo de contenido formativo, con una amplia experiencia en tecnologías educativas y desarrollo web. Su dominio abarca el manejo de herramientas de IA como ChatGPT 4.0, Copilot, Perplexity, Gemini y Midjourney. Posee experiencia en lenguajes de programacion como HTML5, CSS3 y JavaScript, así como conocimientos en Python, utilizado en el analisis de datos, machine learning y automatización de flujos de trabajo.

INTRODUCCIÓN

En la actualidad, la prevención de riesgos laborales se ha consolidado como un pilar fundamental en la gestión de las organizaciones modernas. Más allá del cumplimiento de las obligaciones legales, se reconoce como una herramienta estratégica que contribuye directamente a la sostenibilidad, productividad y reputación de las empresas. En este contexto, los mandos intermedios se erigen como figuras clave para trasladar los principios preventivos al día a día de la operativa empresarial, actuando como puente entre la alta dirección y el personal técnico u operativo.

La presente obra tiene como objetivo ofrecer una visión completa, actualizada y didáctica del papel del mando intermedio en el marco de la seguridad y salud laboral. Su contenido ha sido estructurado con un enfoque práctico, orientado a facilitar tanto la comprensión teórica de los fundamentos normativos y técnicos, como la aplicación real de los mismos en contextos diversos. Se parte del reconocimiento de que la gestión de la prevención no debe estar confinada a un departamento aislado, sino que debe integrarse de forma transversal en todos los niveles y funciones de la organización.

A lo largo del texto se abordan cuestiones esenciales como la organización interna de la prevención, las responsabilidades legales de cada actor implicado, la evaluación y control de los riesgos, así como el diseño de planes de emergencia y medidas de protección colectiva e individual. Especial atención merece el tratamiento detallado del rol del mando intermedio, quien, por su cercanía con los procesos productivos y el personal, desempeña una función esencial en la supervisión del cumplimiento normativo, la promoción de comportamientos seguros, la detección de condiciones peligrosas y la implantación de medidas correctoras.

El libro incluye herramientas de gran utilidad para el desempeño diario, como listas de verificación, estrategias de comunicación, indicadores de desempeño preventivo y metodologías de análisis de incidentes. Asimismo, se profundiza en la importancia de la formación continua, la gestión documental y el seguimiento eficaz de las acciones implantadas, entendiendo que la prevención es un proceso dinámico, en constante revisión y mejora.

En el actual panorama laboral, caracterizado por la automatización de procesos, la diversidad de entornos de trabajo y la creciente atención a la salud psicosocial, resulta imprescindible contar con mandos intermedios capacitados no solo en sus competencias técnicas, sino también en liderazgo, comunicación y toma de decisiones bajo criterios de seguridad. Este manual pretende contribuir a ese propósito, brindando una base sólida de conocimientos y una guía operativa para quienes, desde su posición de responsabilidad intermedia, tienen la capacidad de marcar la diferencia en la prevención de accidentes y la promoción de una auténtica cultura preventiva.

En suma, esta obra se concibe como una herramienta formativa y de consulta, útil tanto para profesionales en activo como para quienes se preparan para asumir responsabilidades en el ámbito de la prevención. Con un lenguaje claro, ejemplos prácticos y un enfoque riguroso pero accesible, busca posicionarse como referencia en la formación de mandos intermedios comprometidos con la seguridad, la salud y el bienestar en el trabajo.

1

LEGISLACIÓN Y ORGANIZACIÓN DE LA PREVENCIÓN

La prevención de riesgos laborales, como responsabilidad ineludible de cualquier empresa, tiene como punto de partida el conocimiento preciso de la **legislación vigente** que regula esta materia. Disponer de una visión clara sobre el marco normativo y las obligaciones legales en seguridad y salud laboral resulta clave para prevenir eficazmente accidentes y enfermedades derivadas del trabajo. Asimismo, para llevar a cabo una gestión efectiva en prevención, las organizaciones deben estructurar y definir claramente las responsabilidades internas, estableciendo modalidades organizativas acordes con las características propias de la empresa y garantizando la participación activa de todos los trabajadores.

En este capítulo se desarrollan los aspectos fundamentales relacionados con la legislación aplicable y la organización adecuada de la prevención dentro de la empresa. Se abordan desde las bases jurídicas más generales hasta los reglamentos específicos y la definición concreta de responsabilidades, facilitando así la comprensión y aplicación efectiva de la normativa en el ámbito laboral.

1.1 MARCO NORMATIVO EN MATERIA DE PREVENCIÓN DE RIESGOS LABORALES

La prevención de riesgos laborales se sustenta en un conjunto articulado de **normas y disposiciones legales**, tanto nacionales como internacionales, que establecen los principios y obligaciones que deben cumplirse para garantizar la seguridad y la salud de los trabajadores. Este marco normativo proporciona un soporte sólido que permite a las empresas identificar claramente cuáles son sus responsabilidades y cómo deben proceder para cumplirlas adecuadamente.

Partir de este marco jurídico es imprescindible para realizar una gestión preventiva eficaz, además de facilitar el cumplimiento normativo y evitar sanciones o responsabilidades derivadas del incumplimiento. A continuación, se detallan los aspectos más relevantes de este marco regulador, desglosando en profundidad su alcance, objetivos y aplicación práctica en las organizaciones.

1.1.1 Normativa nacional e internacional aplicable

La **normativa sobre prevención de riesgos laborales** se compone de un conjunto de leyes, reglamentos y disposiciones cuyo objetivo es garantizar la seguridad, salud y bienestar de los trabajadores. Estas regulaciones provienen tanto de organismos nacionales como de instancias internacionales, que marcan pautas y criterios comunes que sirven como referencia para la legislación interna de cada país.

Normativa Internacional

En el ámbito internacional, la **Organización Internacional del Trabajo (OIT)**, perteneciente a Naciones Unidas, constituye la referencia principal para el desarrollo de directrices y recomendaciones globales sobre seguridad y salud laboral. Desde su creación, la OIT ha promulgado numerosos convenios que buscan establecer estándares mínimos en materia de protección de los trabajadores, sirviendo de referencia para la legislación de cada estado miembro.

Algunos convenios internacionales relevantes en materia de prevención de riesgos laborales son:

- ▶ **Convenio nº 155** sobre Seguridad y Salud de los Trabajadores (1981), que establece principios generales para prevenir accidentes de trabajo y enfermedades profesionales.

- ▶ **Convenio nº 161** sobre los Servicios de Salud en el Trabajo (1985), que propone medidas específicas para implementar sistemas de vigilancia y promoción de la salud laboral.

- ▶ **Convenio nº 187** sobre el marco promocional para la seguridad y salud en el trabajo (2006), orientado al desarrollo de políticas nacionales efectivas en prevención.

ⓘ **Importante**

España ha ratificado múltiples convenios de la OIT, comprometiéndose así a cumplir y adaptar la legislación nacional a dichos estándares internacionales.

Además de la OIT, la **Unión Europea** también desempeña un papel fundamental en la armonización normativa entre sus estados miembros mediante la promulgación de directivas y reglamentos específicos en prevención de riesgos laborales, que posteriormente deben incorporarse a las legislaciones nacionales.

Entre las directivas europeas más importantes destacan:

- ▼ **Directiva 89/391/CEE**, conocida como "Directiva Marco", relativa a la aplicación de medidas para promover la mejora en la seguridad y la salud en el trabajo.
- ▼ **Directiva 89/654/CEE**, sobre requisitos mínimos en lugares de trabajo.
- ▼ **Directiva 2009/104/CE**, relativa al uso de equipos de trabajo.

ⓘ Nota

Las directivas europeas no se aplican directamente a las empresas, sino que deben ser transpuestas por cada Estado miembro en forma de leyes nacionales. Sin embargo, constituyen una referencia imprescindible para interpretar la legislación vigente.

Normativa Nacional

A nivel nacional, cada país adapta las directrices internacionales a su realidad específica mediante leyes, decretos y reglamentos que articulan las obligaciones en prevención. En España, por ejemplo, la legislación en materia preventiva está ampliamente desarrollada, siendo la norma fundamental la Ley de Prevención de Riesgos Laborales (Ley 31/1995), que se desarrollará en el siguiente epígrafe.

El marco legislativo español se complementa con regulaciones específicas que profundizan en aspectos concretos relacionados con la prevención, tales como:

- ▼ **Real Decreto 39/1997**, por el que se aprueba el Reglamento de los Servicios de Prevención, detallando cómo deben organizarse estos servicios dentro de las empresas.
- ▼ **Real Decreto 486/1997**, sobre disposiciones mínimas de seguridad y salud en lugares de trabajo.
- ▼ **Real Decreto 773/1997**, relativo a la utilización de Equipos de Protección Individual (EPI).
- ▼ **Real Decreto 171/2004**, sobre coordinación de actividades empresariales, que aborda cómo gestionar la prevención cuando varias empresas trabajan conjuntamente.

Además de la normativa general, existen regulaciones específicas que se aplican según el sector o actividad desarrollada por la empresa. La finalidad de esta normativa sectorial es dar respuesta efectiva a riesgos particulares asociados a tareas específicas.

ⓘ Ejemplo

En el sector de la construcción, el Real Decreto 1627/1997 establece las condiciones mínimas de seguridad y salud aplicables en obras de construcción. De forma similar, para el trabajo con agentes químicos peligrosos, existe el Real Decreto 374/2001, que regula la protección ante sustancias químicas en el ámbito laboral.

Es necesario conocer la **jerarquía normativa** para una adecuada aplicación del marco regulador:

1. **Normas internacionales** (Convenios OIT, Directivas europeas transpuestas).

2. **Legislación nacional** (Ley de Prevención de Riesgos Laborales, Reales Decretos específicos).

3. **Normativa autonómica** (en España, ciertas comunidades autónomas dictan regulaciones complementarias).

4. **Normativa técnica o interna de las empresas** (procedimientos, manuales, políticas internas).

 **Nota**

La actualización constante del marco normativo requiere que las empresas permanezcan informadas y adapten continuamente sus políticas internas a los cambios legislativos, garantizando así el cumplimiento legal y evitando posibles sanciones administrativas o legales derivadas de la negligencia o incumplimiento normativo.

1.1.2 Ley de Prevención de Riesgos Laborales

La **Ley 31/1995 de Prevención de Riesgos Laborales (LPRL)** constituye la principal normativa nacional que establece los principios generales, responsabilidades y procedimientos básicos en materia de seguridad y salud laboral en España. Su objetivo fundamental es promover la protección de los trabajadores frente a los riesgos derivados del trabajo, estableciendo obligaciones concretas para empresarios y derechos específicos para los empleados.

Esta ley se estructura alrededor de unos principios básicos orientados a garantizar la prevención efectiva y la mejora continua de las condiciones de trabajo, y establece el marco general sobre el cual se desarrollan posteriormente reglamentos específicos.

La Ley de Prevención de Riesgos Laborales establece como principios básicos:

- **Evitar los riesgos**, eliminándolos desde su origen siempre que sea posible.
- **Evaluar aquellos riesgos que no puedan evitarse**, identificando los factores que puedan afectar negativamente a la salud y seguridad.
- **Combatir los riesgos en su origen**, abordándolos desde la raíz en lugar de adoptar soluciones paliativas.
- **Adaptar el trabajo a la persona**, especialmente en lo referido al diseño de los puestos, elección de equipos y métodos de trabajo, para reducir los efectos negativos sobre la salud.
- **Tener en cuenta la evolución técnica**, aplicando avances científicos y técnicos que mejoren la seguridad laboral.
- **Sustituir lo peligroso por lo menos peligroso**, en situaciones donde el riesgo no pueda ser eliminado por completo.
- **Planificar la prevención**, buscando coherencia entre las actividades preventivas y todas las fases productivas.
- **Priorizar las medidas de protección colectiva frente a las individuales**, para proteger simultáneamente al mayor número posible de trabajadores.
- **Impartir formación e información suficiente y adecuada**, capacitando a todos los trabajadores en materia preventiva.

ⓘ Importante

La LPRL exige una aplicación constante y dinámica de estos principios, asegurando que las empresas adapten continuamente sus medidas preventivas a las circunstancias cambiantes del trabajo.

La ley asigna obligaciones específicas tanto al empresario como a los trabajadores para asegurar un entorno laboral seguro y saludable:

- **Empresarios:** deben garantizar la seguridad y salud de sus trabajadores mediante acciones concretas como la evaluación de riesgos laborales, la planificación preventiva, la provisión de equipos adecuados y la impartición de formación periódica en materia de prevención.
- **Trabajadores:** tienen la obligación de velar por su propia seguridad y la de los compañeros, utilizando correctamente los medios y equipos puestos a su disposición y cumpliendo las instrucciones dadas por la empresa. También tienen derecho a ser informados, formados y consultados sobre todos los aspectos relativos a la prevención en el entorno laboral.

Por otro lado, entre las herramientas más importantes reguladas por esta ley destacan:

- ☛ **Evaluación de Riesgos Laborales:** consiste en la identificación y valoración sistemática de los riesgos a los que están expuestos los trabajadores. A partir de esta evaluación se derivan todas las acciones preventivas posteriores.

- ☛ **Planificación de la actividad preventiva:** se refiere al diseño y aplicación de las medidas de prevención necesarias para eliminar o controlar los riesgos detectados durante la evaluación.

- ☛ **Organización de recursos para la prevención:** las empresas tienen la obligación de disponer de recursos humanos y materiales adecuados para gestionar la prevención, pudiendo optar por servicios de prevención propios o ajenos, según las circunstancias específicas.

La LPRL establece mecanismos específicos para la participación activa de los trabajadores en materia preventiva, principalmente a través de:

- ☛ **Delegados de Prevención:** son representantes elegidos por los propios trabajadores que tienen como función específica vigilar y colaborar en el cumplimiento de la normativa de prevención.

- ☛ **Comité de Seguridad y Salud:** es un órgano consultivo y participativo obligatorio en empresas con 50 o más trabajadores, formado por representantes de la empresa y delegados de prevención. Su función es coordinar, evaluar y promover acciones preventivas en la organización.

ⓘ Ejemplo

En una empresa manufacturera con más de 50 empleados, debe existir un Comité de Seguridad y Salud donde se revisen regularmente los resultados de las evaluaciones de riesgos, se planteen propuestas preventivas y se realice el seguimiento continuo de las medidas implantadas.

Aunque la Ley de Prevención de Riesgos Laborales ofrece las bases esenciales en prevención, su aplicación práctica se complementa con numerosos **reglamentos específicos** (como se verá en el siguiente apartado) que profundizan en aspectos concretos, facilitando su interpretación y aplicación en diferentes sectores.

Desde su publicación en 1995, la ley ha experimentado actualizaciones relevantes para adaptarse a las nuevas realidades laborales. Destacan, por ejemplo:

- ☛ Modificaciones para fortalecer la **coordinación de actividades empresariales**.

- ☛ Mejoras en la **protección específica** de colectivos sensibles como trabajadores jóvenes, temporales o especialmente vulnerables.

- ☛ Adaptación de requisitos preventivos ante nuevos riesgos, como los derivados de la digitalización o los riesgos psicosociales.

> ### ⓘ Nota
>
> La LPRL se considera una ley viva y dinámica, que requiere la continua atención de empresarios y trabajadores para adaptarse a los cambios normativos, técnicos y sociales que afectan al ámbito laboral.

1.1.3 Reglamentos específicos por sectores y actividades

La **Ley de Prevención de Riesgos Laborales** establece los principios generales en materia preventiva, pero debido a la amplia variedad de actividades económicas y profesionales existentes, resulta necesario disponer de **reglamentos específicos** que respondan de manera concreta y detallada a los riesgos particulares propios de cada sector. Estos reglamentos desarrollan, amplían y precisan lo dispuesto por la ley general, facilitando su aplicación efectiva y adaptada al contexto de cada actividad económica.

La finalidad de estos reglamentos sectoriales es definir claramente las obligaciones y procedimientos que deben cumplir las empresas y trabajadores de actividades específicas, para garantizar un nivel adecuado y específico de protección.

Entre los reglamentos específicos más relevantes por sectores y actividades en España, destacan:

⚑ **Real Decreto 1627/1997**, sobre disposiciones mínimas de seguridad y salud aplicables en las **obras de construcción**. Este decreto establece requisitos específicos para el diseño y desarrollo de proyectos, planes de seguridad, así como la coordinación entre empresas que comparten una misma obra.

ⓘ Ejemplo

En una obra de construcción, es obligatorio elaborar un Plan de Seguridad y Salud, que contenga procedimientos específicos para tareas críticas como trabajos en altura, movimientos de tierras o manejo de maquinaria pesada.

- ▶ **Real Decreto 1215/1997**, relativo a la utilización por los trabajadores de los **equipos de trabajo**. Este decreto detalla obligaciones concretas sobre selección, uso, mantenimiento e inspección periódica de maquinaria y equipos empleados en distintos sectores industriales.

- ▶ **Real Decreto 486/1997**, sobre lugares de trabajo. Regula específicamente las condiciones mínimas en los espacios laborales respecto a iluminación, temperatura, ventilación, orden y limpieza, aplicables a todos los sectores.

- ▶ **Real Decreto 773/1997**, sobre utilización de **Equipos de Protección Individual (EPIs)**. Este reglamento establece cómo seleccionar, usar, mantener y verificar la eficacia de los equipos personales de protección, esenciales en sectores como construcción, industria química o sanidad.

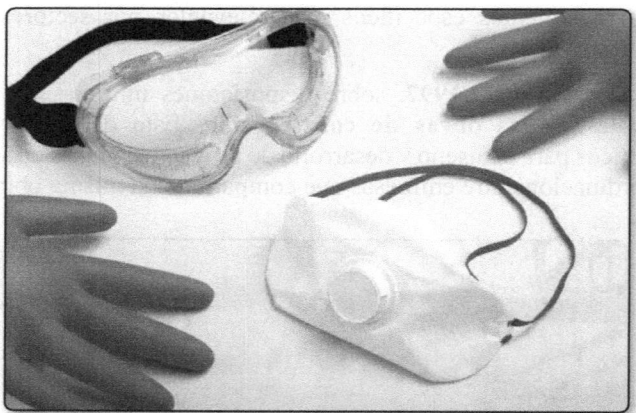

- ▶ **Real Decreto 374/2001**, que regula la protección de los trabajadores frente a **riesgos relacionados con agentes químicos peligrosos**. Resulta especialmente aplicable en actividades industriales químicas, farmacéuticas, agrícolas o laboratorios.

ⓘ Nota

Las empresas que trabajan con sustancias químicas están obligadas a realizar evaluaciones específicas del riesgo, a identificar claramente los productos utilizados mediante etiquetado adecuado y a formar adecuadamente a sus empleados en el manejo seguro de estas sustancias.

▶ **Real Decreto 1311/2005**, sobre protección de trabajadores frente a los riesgos derivados de la exposición a **vibraciones mecánicas**, relevante especialmente en industrias manufactureras, minería, transporte o construcción, donde el uso de herramientas vibrantes es habitual.

▶ **Real Decreto 286/2006**, sobre protección de los trabajadores frente a riesgos derivados de la exposición al **ruido**. Establece límites y procedimientos específicos de control en sectores industriales y actividades como el trabajo con maquinaria pesada o entornos ruidosos.

▶ **Real Decreto 665/1997**, sobre protección contra agentes cancerígenos o mutágenos, aplicable en sectores como el sanitario, farmacéutico, o químico, donde existe manipulación o contacto con sustancias de alto riesgo biológico o químico.

La constante evolución tecnológica y social provoca que se incorporen continuamente nuevos reglamentos específicos para atender riesgos emergentes, como los derivados del teletrabajo, digitalización, o exposición a agentes biológicos.

ⓘ Ejemplo

Ante el crecimiento del teletrabajo, España aprobó el Real Decreto-ley 28/2020, estableciendo las condiciones mínimas para garantizar la seguridad y salud en el trabajo a distancia.

Cada empresa debe conocer en profundidad los reglamentos específicos aplicables a su sector o actividad concreta. Para asegurar el cumplimiento normativo, es imprescindible:

▶ Realizar **evaluaciones específicas** de riesgos que contemplen las regulaciones sectoriales.

▶ Desarrollar **planes preventivos** adaptados al contexto concreto de la empresa y sector.

▶ Garantizar una **formación continua** a los trabajadores en materia preventiva específica.

▶ Establecer sistemas internos para la **verificación y auditoría periódica** del cumplimiento de estos reglamentos específicos.

ⓘ Importante

El desconocimiento de los reglamentos específicos no exime de la responsabilidad a la empresa en caso de accidentes o incumplimiento legal. Es por ello crucial mantenerse actualizados sobre la normativa aplicable.

Aunque estos reglamentos específicos desarrollan y precisan la Ley general de Prevención de Riesgos Laborales, es importante recordar que **nunca pueden contravenirla ni establecer condiciones menos exigentes** que las establecidas en dicha ley o en directivas europeas transpuestas.

1.2 ORGANIZACIÓN DE LA PREVENCIÓN EN LA EMPRESA

La organización de la prevención en el entorno laboral debe responder a un planteamiento sistemático y adaptado a las características específicas de cada empresa. Una correcta estructuración permite integrar la prevención en todos los niveles jerárquicos y procesos productivos, garantizando así una gestión eficaz de los riesgos laborales.

La **Ley de Prevención de Riesgos Laborales (LPRL)** establece que la empresa debe disponer de los recursos humanos y materiales necesarios para desarrollar la actividad preventiva, ya sea mediante medios propios, recurriendo a servicios especializados externos o combinando ambas opciones.

El diseño de esta organización preventiva se articula a través de las denominadas **modalidades organizativas**, que se detallan a continuación.

1.2.1 Modalidades organizativas

Las **modalidades organizativas** hacen referencia a las diferentes formas que puede adoptar una empresa para gestionar la prevención de riesgos laborales. La elección de una u otra modalidad dependerá de diversos factores como el número de trabajadores, la naturaleza de la actividad desarrollada, el nivel de riesgo asociado, y la capacidad técnica interna de la empresa.

Según el artículo 10 del **Reglamento de los Servicios de Prevención** (Real Decreto 39/1997), existen cuatro modalidades básicas:

Asunción personal por el empresario

El propio empresario puede asumir la actividad preventiva si se cumplen los siguientes requisitos:

- La empresa tiene **hasta 10 trabajadores** (o hasta 25 si existe un único centro de trabajo).

- La actividad no está incluida en el **Anexo I** del RD 39/1997, que recoge sectores especialmente peligrosos.

- El empresario desempeña de forma habitual su actividad profesional en el centro de trabajo.

- El empresario tiene la **formación preventiva adecuada** a las funciones que debe asumir.

Esta modalidad es frecuente en **micropymes** y **autónomos con trabajadores a su cargo**.

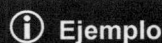 **Ejemplo**

Un carpintero con un pequeño taller de 3 empleados puede asumir personalmente la gestión preventiva si cuenta con la formación exigida y la actividad no está considerada de alto riesgo.

Designación de uno o varios trabajadores

Consiste en delegar la actividad preventiva a **trabajadores de la propia empresa** que cuenten con la capacitación adecuada. Esta modalidad puede aplicarse cuando:

- ▼ La empresa **no supera los 500 trabajadores**.
- ▼ No realiza actividades del Anexo I del RD 39/1997, o si las realiza, no supera los 250 trabajadores.
- ▼ El personal designado cuenta con la **formación técnica necesaria** para realizar las funciones asignadas.

El número de trabajadores designados dependerá del tamaño de la empresa y del nivel de riesgo, debiendo disponer de los **medios, tiempo y autoridad suficientes** para desempeñar sus funciones.

(i) **Importante**

El trabajador designado no puede ser penalizado ni perjudicado por ejercer funciones preventivas. Además, debe actuar con autonomía respecto a la dirección de la empresa en materia preventiva.

Servicio de prevención propio

Las empresas que, por su tamaño o por el nivel de riesgo asociado a su actividad, no puedan asumir internamente la gestión preventiva, están obligadas a constituir un **servicio de prevención propio**.

Este servicio debe estar compuesto por personal cualificado y contar con los medios necesarios para llevar a cabo las actividades preventivas en todas sus especialidades: **seguridad en el trabajo, higiene industrial, ergonomía y psicosociología aplicada, y medicina del trabajo**.

Este modelo es obligatorio cuando:

▶ La empresa supera los **500 trabajadores** (o los 250 si realiza actividades peligrosas del Anexo I).

▶ Así lo determina la autoridad laboral competente tras una evaluación de riesgos.

▶ La actividad preventiva no puede ser asumida con garantías por medios externos o personal designado.

ⓘ Ejemplo

Una industria química con 300 trabajadores debe contar con un servicio de prevención propio, dado que su actividad está incluida en el Anexo I por los riesgos químicos inherentes.

Recurso a un servicio de prevención ajeno

Cuando una empresa **no pueda o no desee** asumir internamente la actividad preventiva, puede recurrir a una entidad especializada y acreditada externamente, denominada **servicio de prevención ajeno** (SPA).

Estos servicios deben estar debidamente autorizados por la autoridad competente y ofrecer las cuatro especialidades preventivas mencionadas anteriormente.

La empresa sigue siendo responsable última de la seguridad y salud de sus trabajadores, aunque haya delegado parte de la gestión preventiva en un SPA.

Esta modalidad es común en **pequeñas y medianas empresas** que no tienen capacidad interna suficiente para organizar la prevención.

ⓘ Nota

Aunque se recurra a un servicio de prevención ajeno, el empresario sigue obligado a implicarse en la planificación preventiva y en la coordinación con el SPA, especialmente en la toma de decisiones sobre medidas de control de riesgos.

1.2.2 Servicios de prevención propios y ajenos

La **gestión profesionalizada de la prevención de riesgos laborales** en las empresas puede realizarse a través de **servicios de prevención**, que son estructuras organizadas, con medios humanos y materiales adecuados, cuya función es desarrollar la actividad preventiva en la empresa. Estos servicios pueden ser **propios**, cuando la empresa los constituye internamente, o **ajenos**, cuando se contratan externamente a entidades especializadas.

La elección entre un servicio propio o ajeno depende de factores como el número de trabajadores, el tipo de actividad y los recursos disponibles. Ambas modalidades están reguladas por el **Real Decreto 39/1997**, por el que se aprueba el Reglamento de los Servicios de Prevención, que establece los requisitos, funciones y competencias mínimas que deben cumplir.

Servicios de prevención propios (SPP)

Un **servicio de prevención propio** es aquel creado e integrado dentro de la estructura de la empresa, con personal contratado específicamente para desarrollar funciones preventivas.

Los **requisitos para constituir un SPP** son los siguientes:

▸ La empresa debe contar con **una plantilla igual o superior a 500 trabajadores**, o

▸ Tener más de **250 trabajadores** si realiza actividades incluidas en el **Anexo I del RD 39/1997** (actividades especialmente peligrosas), o

▸ Cuando así lo determine la **autoridad laboral** por las características o nivel de riesgo del centro de trabajo.

¿Cuáles son sus características?

▸ Debe contar con **personal cualificado** en cada una de las disciplinas preventivas necesarias:

- Seguridad en el trabajo
- Higiene industrial
- Ergonomía y psicosociología aplicada
- Medicina del trabajo

▸ Disponer de **medios técnicos y materiales adecuados**.

▸ Desarrollar de forma directa y continuada las actividades preventivas dentro de la empresa.

▸ Estar coordinado con la **dirección** y los **órganos de representación de los trabajadores**.

ⓘ **Ejemplo**

Una empresa siderúrgica con 700 trabajadores y procesos industriales complejos y peligrosos debe crear un servicio de prevención propio para cubrir de manera integral la gestión de riesgos laborales en sus instalaciones.

Las **ventajas del SPP** son:

- Mayor control interno de la prevención.
- Conocimiento profundo de los procesos productivos y del personal.
- Capacidad de reacción inmediata ante riesgos o incidentes.

No obstante, tiene dos **inconvenientes** principales:

- Requiere inversión en personal, formación y recursos técnicos.
- Mayor carga de gestión y responsabilidad directa.

Servicios de prevención ajenos (SPA)

Los **servicios de prevención ajenos** son empresas o entidades especializadas y acreditadas por la autoridad laboral competente, que ofrecen servicios preventivos a empresas que no disponen de medios propios suficientes.

Las condiciones de contratación son:

- La empresa no puede asumir la prevención mediante las modalidades de **asunción personal** o **trabajadores designados**, o bien no desea establecer un SPP.
- La entidad contratada debe estar **debidamente autorizada** y disponer de personal técnico cualificado en las cuatro disciplinas preventivas.

ⓘ Importante

La empresa debe formalizar un contrato por escrito con el servicio de prevención ajeno, donde se especifique el alcance, duración y contenido de la prestación del servicio.

¿Cuáles son las funciones del SPA?

- Evaluación de riesgos.
- Elaboración de la planificación preventiva.
- Asesoramiento en la adopción de medidas correctoras.
- Formación e información a los trabajadores.
- Vigilancia de la salud a través de profesionales sanitarios.

ⓘ Ejemplo

Una empresa de 40 trabajadores del sector logístico contrata un servicio de prevención ajeno para realizar la evaluación de riesgos, elaborar el plan de prevención, impartir la formación inicial al personal y realizar los reconocimientos médicos periódicos.

Las **ventajas del SPA** son:

▼ Reducción de costes frente a un servicio propio.

▼ Acceso a **personal técnico altamente especializado**.

▼ Mayor flexibilidad para pequeñas y medianas empresas.

Con respecto a los **inconvenientes**, destacan:

▼ **Menor integración** con la estructura de la empresa.

▼ Posible **desconocimiento del entorno específico** de trabajo.

▼ Mayor dificultad en la **reacción inmediata** ante emergencias o incidencias.

A modo de resumen, esta tabla muestra una comparativa general de ambos servicios:

Aspecto	Servicio propio	Servicio ajeno
Implantación	Interna (dentro de la empresa)	Externa (empresa acreditada)
Tamaño habitual de la empresa	Grandes empresas (>500 empleados)	PYMEs y micropymes
Coste inicial	Elevado (personal y recursos)	Moderado (contratación por servicio)
Conocimiento del entorno	Alto (conocimiento directo)	Limitado (necesita adaptación)
Tiempo de respuesta	Inmediato	Variable, según contrato

1.2.3 Participación de los trabajadores

La **participación de los trabajadores** en la prevención de riesgos laborales es un principio esencial recogido en la **Ley de Prevención de Riesgos Laborales (LPRL)**. Su implicación activa contribuye a mejorar la eficacia de las medidas preventivas, reforzar la cultura de seguridad y detectar riesgos o deficiencias con mayor rapidez.

Esta participación debe ser real, efectiva y estar respaldada por canales formales y estructurados dentro de la organización. No se limita únicamente a recibir formación o cumplir instrucciones, sino que incluye también el derecho a ser informados, consultados y representados en materia preventiva.

La participación de los trabajadores puede desarrollarse a través de tres vías principales:

Información y consulta directa

Todos los trabajadores tienen derecho a:

▶ Recibir **información adecuada** sobre los riesgos del puesto de trabajo, las medidas preventivas aplicadas, los planes de emergencia, el uso de equipos de protección individual, etc.

▶ Consultarse sobre la planificación y organización de la prevención en la empresa.

▶ Conocer los resultados de las evaluaciones de riesgos y de los controles periódicos.

Esta información debe proporcionarse de forma clara, accesible y adaptada al nivel de comprensión del trabajador, teniendo en cuenta aspectos como el idioma o el nivel de formación.

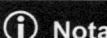
Nota

La empresa debe documentar la entrega de esta información y su recepción por parte de los trabajadores, especialmente en sectores con mayor exposición al riesgo.

Derecho a formular propuestas y observaciones

Los trabajadores pueden hacer llegar a la empresa propuestas preventivas, sugerencias de mejora o notificar situaciones de riesgo observadas en su entorno laboral. Esta participación es especialmente útil para:

▶ Detectar fallos operativos no identificados en la evaluación de riesgos.
▶ Mejorar procedimientos de trabajo desde una perspectiva práctica.
▶ Aumentar el compromiso del personal con la seguridad.

Para facilitar este tipo de participación, es recomendable que las empresas dispongan de **canales de comunicación accesibles** como buzones de sugerencias, reuniones periódicas, formularios internos o sistemas digitales.

Representación legal de los trabajadores

Además de la participación individual, la legislación contempla la figura de la **representación colectiva**, a través de:

a) **Delegados de prevención:**

Son los **representantes de los trabajadores con funciones específicas en materia preventiva**. Su número varía en función del tamaño de la plantilla y son designados por y entre los representantes legales de los trabajadores (comités de empresa o delegados de personal).

¿Cuáles son sus funciones principales?

- Colaborar con la empresa en la mejora de la acción preventiva.
- Promover y fomentar la cooperación de los trabajadores en la aplicación de medidas preventivas.
- Ser consultados por la empresa antes de adoptar decisiones en materia de prevención.
- Tener acceso a la información sobre riesgos, daños producidos, medidas preventivas y resultados de las evaluaciones.
- Realizar visitas a los lugares de trabajo y acompañar en evaluaciones e inspecciones.
- Formular propuestas y exigir medidas correctoras cuando detecten situaciones de riesgo.

ⓘ Ejemplo

Un delegado de prevención puede solicitar que se revise el procedimiento de manipulación de cargas si observa que los trabajadores lo realizan en condiciones que podrían generar lesiones musculoesqueléticas.

b) **Comité de seguridad y salud:**

Es un **órgano paritario** y colegiado, obligatorio en empresas con **50 o más trabajadores**, compuesto por:

- Los delegados de prevención.
- Representantes de la empresa con responsabilidades en prevención.

¿Cuáles son sus funciones principales?

- Participar en la elaboración, puesta en práctica y evaluación de los planes y programas de prevención.
- Fomentar iniciativas para mejorar la seguridad y salud en el trabajo.
- Colaborar en la definición de políticas preventivas y su seguimiento.
- Analizar los daños a la salud y proponer medidas correctoras.

ⓘ Importante

El comité de seguridad y salud se debe reunir de forma periódica (al menos cada tres meses) y siempre que una de las partes lo solicite de forma justificada.

Tanto los **delegados de prevención** como los **miembros del comité de seguridad y salud** gozan de las mismas garantías que los representantes legales de los trabajadores:

▶ **Inmunidad frente a represalias**.

▶ **Prioridad de permanencia** en caso de despido colectivo.

▶ Derecho a recibir **formación específica en prevención de riesgos** a cargo de la empresa.

1.3 OBLIGACIONES EN MATERIA DE PREVENCIÓN

La prevención de riesgos laborales no solo se fundamenta en recomendaciones o buenas prácticas, sino en **obligaciones legales concretas** que afectan tanto a empresarios como a trabajadores. La Ley de Prevención de Riesgos Laborales (LPRL) establece con claridad los **deberes que cada parte debe asumir** dentro de la organización, en función de su responsabilidad y posición jerárquica.

El cumplimiento de estas obligaciones es necesario, ya que sirve para garantizar entornos de trabajo seguros, prevenir accidentes y enfermedades profesionales, y evitar responsabilidades legales en caso de incumplimiento.

1.3.1 Empresarios

El empresario es el **principal responsable** de la seguridad y salud en el trabajo. Así lo establece el artículo 14 de la LPRL: *"El empresario deberá garantizar la seguridad y la salud de los trabajadores a su servicio en todos los aspectos relacionados con el trabajo"*. Esta obligación es de carácter **general, intransferible y exigible** por la autoridad competente.

A continuación, se detallan las **obligaciones preventivas** más relevantes:

a) **Evaluación de riesgos:**

El empresario debe **identificar y evaluar los riesgos laborales** a los que están expuestos los trabajadores, teniendo en cuenta las características del puesto, los equipos utilizados y las condiciones del entorno laboral.

- Esta evaluación debe estar **documentada** y actualizada.
- Debe repetirse cuando cambien las condiciones de trabajo, se introduzcan nuevas tecnologías o se detecten fallos en las medidas existentes.

ⓘ **Importante**

La evaluación de riesgos es el punto de partida para cualquier acción preventiva. Sin ella, no se puede planificar ni justificar la elección de medidas de seguridad.

b) **Planificación de la actividad preventiva:**

A partir de la evaluación de riesgos, el empresario debe **planificar las acciones preventivas necesarias**, definiendo:

- Qué medidas se deben adoptar.
- Quién será el responsable de ejecutarlas.
- Qué recursos se destinarán.
- Qué plazos se establecerán.

c) **Información y formación de los trabajadores:**

Es obligatorio proporcionar a los trabajadores:

- **Información clara** sobre los riesgos a los que están expuestos, las medidas preventivas adoptadas, y los procedimientos de actuación en caso de emergencia.
- **Formación teórica y práctica**, periódica y específica, relacionada con los riesgos del puesto y el uso correcto de equipos y EPIs.

ⓘ Ejemplo

Un trabajador que va a utilizar una carretilla elevadora debe recibir formación específica sobre su manejo seguro, incluso si ya tiene experiencia previa en otras empresas.

d) **Medidas de protección colectiva e individual:**

El empresario debe implantar todas las **medidas técnicas y organizativas necesarias** para eliminar o reducir los riesgos detectados. Esto incluye:

- Instalar **dispositivos de seguridad colectivos** (barandillas, ventilación, sistemas de detección, etc.).
- Proporcionar **equipos de protección individual (EPIs)** adecuados cuando no sea posible evitar el riesgo por otros medios.

e) **Vigilancia de la salud:**

Se debe garantizar a los trabajadores el acceso a una **vigilancia periódica de su estado de salud**, relacionada con los riesgos inherentes a su puesto de trabajo. Esta vigilancia:

- Será voluntaria, salvo en casos excepcionales.
- Será gratuita para el trabajador.
- Estará protegida por el secreto médico.

f) **Consulta y participación:**

El empresario está obligado a **consultar a los trabajadores** o a sus representantes sobre:

- La planificación de la actividad preventiva.
- La organización de la formación.
- La elección de los equipos de protección.
- La designación de trabajadores encargados de la prevención.

Además, debe facilitar los medios necesarios para el correcto funcionamiento de los **delegados de prevención** y del **comité de seguridad y salud**, en caso de existir.

g) **Coordinación de actividades empresariales:**

Cuando en un mismo centro de trabajo concurran trabajadores de diferentes empresas (por ejemplo, contratas o subcontratas), el empresario principal debe:

- Coordinar las medidas preventivas entre todas las empresas.
- Intercambiar información sobre los riesgos y las medidas adoptadas.
- Asegurarse de que se cumplan las condiciones de seguridad.

ⓘ Ejemplo

En una obra donde trabajan varias empresas subcontratadas, el promotor debe asegurarse de que todas compartan información preventiva y actúen de forma coordinada.

---

h) **Documentación y registro:**

El empresario debe mantener **archivos actualizados** que incluyan:

- Evaluaciones de riesgos.
- Planificación preventiva.
- Controles realizados.
- Formación impartida.
- Reconocimientos médicos.

i) **Actuar en caso de emergencia:**

Es obligatorio establecer un **plan de emergencia y evacuación**, incluyendo:

- Procedimientos de actuación.
- Designación de trabajadores responsables.
- Simulacros periódicos.

j) **Garantizar los recursos y medios preventivos:**

El empresario debe dotar a la empresa de los **recursos humanos y materiales** necesarios para desarrollar la prevención, eligiendo la modalidad organizativa más adecuada: asunción personal, trabajadores designados, servicio de prevención propio o ajeno.

1.3.2 Trabajadores

Si bien el empresario es el principal responsable de la seguridad y salud en el trabajo, los **trabajadores también tienen obligaciones legales** en materia de prevención, conforme al artículo 29 de la **Ley de Prevención de Riesgos Laborales (LPRL)**. Estas obligaciones tienen como finalidad fomentar un comportamiento responsable y colaborativo, garantizando que las medidas preventivas adoptadas por la empresa se cumplan de forma efectiva.

La participación activa de los trabajadores en la prevención es esencial para el éxito de cualquier sistema de gestión de riesgos laborales, ya que su actuación directa en el entorno de trabajo les sitúa en una posición clave para detectar riesgos, proponer mejoras y aplicar las medidas preventivas establecidas.

A continuación, se detallan las obligaciones preventivas que deben asumir todos los trabajadores durante el desarrollo de su actividad laboral:

a) **Utilizar correctamente los equipos y medios de trabajo:**

Los trabajadores están obligados a:

- Utilizar de forma adecuada **las máquinas, herramientas y equipos de trabajo** puestos a su disposición.
- No manipular, inutilizar o desconectar los **dispositivos de seguridad** ni alterar el funcionamiento previsto de los equipos.

ⓘ Ejemplo

Está prohibido anular un sistema de seguridad en una prensa automática, aunque su activación pueda ralentizar el proceso productivo.

---

b) **Usar adecuadamente los Equipos de Protección Individual (EPIs):**

Siempre que sea necesario, el trabajador debe:

- Utilizar los **EPIs proporcionados por la empresa** conforme a las instrucciones recibidas.

- Cuidarlos correctamente y conservarlos en buen estado.
- Comunicar cualquier defecto o deterioro que detecte.

ⓘ Importante

El uso inadecuado o la negativa injustificada a emplear un EPI puede constituir una infracción laboral y poner en peligro no solo al trabajador, sino a sus compañeros.

c) **No poner en peligro a otros:**

Además de cuidar de su propia seguridad, el trabajador debe actuar de manera que no comprometa la **integridad física de otras personas** presentes en el lugar de trabajo, ya sean compañeros, técnicos externos o visitantes.

d) **Participar en acciones formativas:**

El trabajador tiene la obligación de **asistir a las formaciones preventivas** organizadas por la empresa, ya que la formación es un derecho, pero también un deber.

Esto incluye formaciones:

- Generales sobre prevención.
- Específicas del puesto de trabajo.
- Relacionadas con el uso de nuevas máquinas, productos o procedimientos.

e) **Colaborar en la aplicación de las medidas preventivas:**

Los trabajadores deben **cooperar activamente** con la empresa en la implantación de medidas de seguridad, lo que implica:

- Respetar las **normas internas** de seguridad.
- Cumplir con los **procedimientos operativos establecidos**.
- Seguir las instrucciones dadas por el empresario o los responsables de prevención.

f) **Informar sobre situaciones de riesgo:**

El trabajador debe comunicar inmediatamente a sus superiores:

- **Situaciones de peligro** que detecte en su puesto de trabajo o en el entorno.
- **Accidentes, incidentes o anomalías** que puedan afectar a la seguridad.
- Fallos en máquinas, instalaciones o equipos de protección.

ⓘ Ejemplo

Si un trabajador detecta una fuga de gas o una instalación eléctrica deteriorada, debe informar sin demora para evitar un posible accidente grave.

g) **Colaborar con los servicios de prevención y con la Inspección de Trabajo:**

Cuando se realicen auditorías, evaluaciones de riesgos, inspecciones o investigaciones de accidentes, los trabajadores deben **colaborar con los técnicos y autoridades**, proporcionando la información necesaria y permitiendo el acceso a sus puestos de trabajo.

h) **Cumplir las instrucciones recibidas:**

Los trabajadores deben respetar todas las **instrucciones y normas de prevención** recibidas por parte del empresario, los responsables de seguridad o los servicios de prevención (propios o ajenos). Estas instrucciones pueden referirse a:

- El desarrollo seguro de tareas.
- Medidas de emergencia y evacuación.
- Procedimientos para el uso de productos peligrosos.

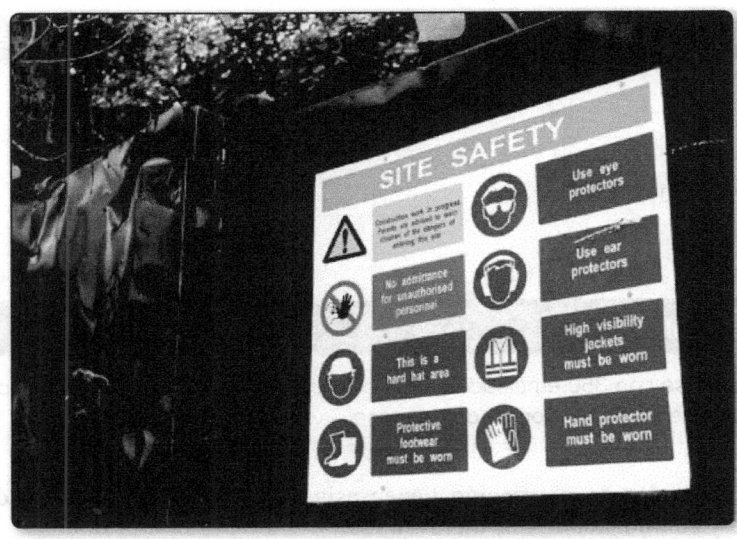

El **incumplimiento de las obligaciones preventivas** por parte de los trabajadores puede suponer:

▸ **Sanciones disciplinarias internas**, conforme al convenio colectivo o normativa interna de la empresa.

▸ En casos graves o reiterados, puede considerarse una **infracción laboral**.

▸ Si el incumplimiento causa un daño a terceros, podría derivarse en una **responsabilidad civil o penal**.

1.3.3 Delegados de prevención

Los **delegados de prevención** son la figura clave de representación de los trabajadores en todo lo relacionado con la **seguridad y salud laboral**. Su existencia y funciones están reguladas por la **Ley de Prevención de Riesgos Laborales (artículos 35 y 36)**, así como por el **Real Decreto 39/1997**, que desarrolla aspectos relacionados con su papel dentro del sistema preventivo.

Su misión principal es **colaborar con la empresa en la mejora continua de la prevención**, ejercer funciones de control y vigilancia, y canalizar la participación activa de los trabajadores en materia preventiva.

¿Quién puede ser delegado de prevención?

Los delegados de prevención son designados por y entre los **representantes legales de los trabajadores**, es decir, entre los miembros del comité de empresa o los delegados de personal. Su número depende del tamaño de la plantilla:

Nº de trabajadores en la empresa	Nº de delegados de prevención
De 6 a 49	1 delegado
De 50 a 100	2 delegados
De 101 a 500	3 delegados
De 501 a 1.000	4 delegados
Más de 1.000	+1 delegado por cada 1.000 o fracción

ⓘ **Ejemplo**

Una empresa con 350 empleados debe contar con 3 delegados de prevención elegidos entre los miembros del comité de empresa.

Los delegados de prevención tienen asignadas diversas **funciones de vigilancia, consulta y colaboración**, que incluyen:

1. **Colaborar en la mejora de la acción preventiva:**
   - Proponen mejoras en las condiciones de seguridad.
   - Participan en la elaboración de planes de prevención.
   - Actúan como nexo entre los trabajadores y la dirección.

2. **Promover la cooperación de los trabajadores:**
   - Fomentan la cultura preventiva en la plantilla.
   - Motivan a los trabajadores a participar en campañas de formación o medidas de prevención.

3. **Ser consultados por el empresario:**

   El empresario está obligado a **consultar previamente** a los delegados de prevención sobre:
   - Evaluaciones de riesgos.
   - Planificación preventiva.
   - Introducción de nuevas tecnologías que puedan afectar a la seguridad.
   - Organización de la formación preventiva.
   - Designación de trabajadores encargados de medidas de emergencia.

ⓘ Importante

La consulta a los delegados debe realizarse con antelación suficiente para que puedan valorar la información y emitir opiniones fundadas.

4. **Tener acceso a la información preventiva:**

   Los delegados tienen derecho a recibir:
   - Resultados de las evaluaciones de riesgos.
   - Documentación técnica sobre las medidas preventivas.
   - Informes sobre daños producidos a la salud.
   - Información sobre los recursos preventivos existentes.

5. **Realizar visitas y acompañar inspecciones:**
   - Pueden **realizar visitas a los lugares de trabajo** para comprobar el estado de la prevención.
   - Pueden **acompañar a los técnicos del servicio de prevención** o a la Inspección de Trabajo durante sus visitas.
   - Tienen derecho a acompañar al empresario en los reconocimientos o análisis de condiciones de trabajo.

6. **Formular propuestas y observaciones:**

   Pueden **emitir informes o propuestas por escrito** cuando detecten deficiencias o situaciones peligrosas. Estas deben ser tenidas en cuenta por la empresa, que debe responder justificadamente.

7. **Actuar en situaciones de emergencia:**

Pueden participar en los **procedimientos de investigación** de accidentes laborales o incidentes graves, y proponer medidas correctoras.

Por otro lado, para ejercer sus funciones con efectividad, los delegados de prevención cuentan con una serie de **garantías específicas**:

▼ **Derecho a formación específica en prevención**, a cargo de la empresa y dentro de la jornada laboral.

▼ **Protección frente a represalias o discriminación** por ejercer su función.

▼ **Prioridad de permanencia en el empleo** en caso de despido colectivo.

▼ **Crédito horario**, según lo establecido en el Estatuto de los Trabajadores, que pueden utilizar para funciones preventivas.

▼ Derecho a acceder sin limitaciones a **todas las zonas de trabajo**.

ⓘ Ejemplo

Si un delegado de prevención detecta que los trabajadores están utilizando productos químicos sin información de seguridad, puede exigir a la empresa que proporcione las fichas de datos de seguridad y formación específica.

En empresas con **50 o más trabajadores**, los delegados de prevención forman parte del **Comité de Seguridad y Salud**, que actúa como un órgano paritario y colegiado, compuesto por igual número de representantes de la empresa y de los trabajadores. Este comité es un espacio clave para el diálogo y la toma de decisiones en materia preventiva.

1.4 RESPONSABILIDAD LEGAL EN PREVENCIÓN DE RIESGOS

El incumplimiento de las obligaciones en materia de prevención de riesgos laborales puede dar lugar a **responsabilidades legales** para las personas físicas o jurídicas implicadas. Estas responsabilidades no solo afectan al empresario, sino también a los mandos intermedios, técnicos de prevención, trabajadores e incluso a servicios de prevención ajenos si han actuado con negligencia.

La **responsabilidad legal** se activa cuando se produce un daño a la salud de los trabajadores o se constata una infracción de la normativa vigente, y puede conllevar **sanciones económicas, civiles o incluso penales**. La existencia de un accidente laboral, una enfermedad profesional o una inspección que detecte deficiencias puede desencadenar diferentes procedimientos sancionadores, administrativos o judiciales.

1.4.1 Tipos de responsabilidad: administrativa, civil y penal

La legislación española contempla **tres tipos principales de responsabilidad legal** derivada del incumplimiento de las normas de prevención de riesgos laborales:

Responsabilidad administrativa

Es la forma más habitual de responsabilidad en el ámbito de la prevención. Se deriva de **infracciones a la normativa laboral o de prevención**, detectadas normalmente por la **Inspección de Trabajo y Seguridad Social**.

¿Quién puede sancionarse?

- El empresario o empleador.
- Cargos intermedios con capacidad de decisión.
- Personas jurídicas (sociedades) y físicas (autónomos).
- Servicios de prevención ajenos, si incumplen sus obligaciones.

Según la **Ley sobre Infracciones y Sanciones en el Orden Social (LISOS)**, las infracciones en materia de prevención se clasifican en:

- **Leves**: no comunicar pequeños cambios en las condiciones preventivas, retrasos en reconocimientos médicos, etc.

- **Graves**: no realizar la evaluación de riesgos, no formar adecuadamente al trabajador, no entregar EPIs.

- **Muy graves**: inexistencia total de planificación preventiva, no investigar accidentes graves o incumplimiento de requerimientos de la Inspección.

Tipo de infracción	Sanción (euros)
Leve	De 45 a 2.450 €
Grave	De 2.451 a 49.180 €
Muy grave	De 49.181 a 983.736 €

ⓘ Importante

La reincidencia o la gravedad del daño causado pueden agravar las sanciones e incluso derivar en otras responsabilidades adicionales.

Responsabilidad civil

Este tipo de responsabilidad surge cuando se ha producido **un daño a la salud o integridad física de un trabajador** y se exige una **reparación económica** por los perjuicios causados. Su objetivo es **indemnizar al trabajador o a sus familiares** por el daño sufrido, independientemente de la existencia de una sanción administrativa o penal.

Los tipos de responsabilidad civil son:

▶ **Responsabilidad civil contractual**: deriva de la relación laboral entre trabajador y empresa. El empresario está obligado a garantizar unas condiciones seguras.

▶ **Responsabilidad civil extracontractual**: se aplica cuando no existe una relación contractual directa, como en el caso de trabajadores de contratas o terceros perjudicados.

ⓘ Ejemplo

Un trabajador sufre una caída por la falta de barandillas en un andamio. La empresa puede ser condenada a pagar una indemnización adicional al subsidio de la Seguridad Social, por daños físicos, secuelas o perjuicios económicos.

La responsabilidad civil **es compatible** con la administrativa o penal. Un mismo hecho puede dar lugar a varias consecuencias legales.

Responsabilidad penal

La responsabilidad penal se aplica en los casos más graves, cuando se considera que el incumplimiento de las normas de prevención ha sido **consciente, grave o temerario**, y ha causado **daños graves o la muerte** del trabajador.

Los delitos más comunes en este ámbito son los siguientes:

- ▶ **Delito contra la seguridad y salud de los trabajadores** (artículo 316 del Código Penal): castiga a quien, con infracción de la normativa de prevención, ponga en peligro grave la vida, salud o integridad de los trabajadores.

- ▶ **Homicidio imprudente** (artículo 142) y **lesiones imprudentes** (artículo 152): se aplican cuando el incumplimiento de las medidas preventivas provoca la muerte o lesiones graves de un trabajador.

¿Cuáles pueden ser las sanciones penales?

- ▶ **Multas económicas** (días multa o cuantía fija).
- ▶ **Inhabilitación para ejercer cargos de dirección** o gestión empresarial.
- ▶ **Pena de prisión** en los casos más graves (de 6 meses a 3 años).

> ### ⓘ Nota
>
> La empresa también puede sancionarse penalmente si se demuestra que no ha puesto los medios adecuados para evitar el delito (artículo 318 del Código Penal). En ese caso, pueden imponerse multas, disolución de la sociedad, cierre temporal o prohibición de contratar con la administración.

1.4.2 Sanciones y procedimientos legales

Las sanciones en materia de prevención de riesgos laborales son el resultado de procedimientos legales que se activan cuando una empresa o un responsable incumplen la normativa en seguridad y salud en el trabajo. Estas sanciones tienen como finalidad **corregir conductas negligentes, reparar daños ocasionados y, sobre todo, disuadir de futuras infracciones** que puedan poner en peligro la integridad de los trabajadores.

La tipificación de las infracciones y la imposición de sanciones está regulada principalmente por la **Ley sobre Infracciones y Sanciones en el Orden Social (LISOS)**, aunque también puede intervenir el **Código Penal** y la **jurisdicción civil**, en función de la gravedad del hecho y del daño producido.

Las **sanciones** pueden ser:

Administrativas

Impuestas por la **Inspección de Trabajo y Seguridad Social** tras constatar una infracción de la normativa. Su cuantía depende del tipo y gravedad de la infracción:

Tipo de infracción	Grado mínimo	Grado medio	Grado máximo
Leve	45 – 485 €	486 – 975 €	976 – 2.450 €
Grave	2.451 – 9.830 €	9.831 – 24.585 €	24.586 – 49.180 €
Muy grave	49.181 – 196.745 €	196.746 – 491.865 €	491.866 – 983.736 €

ⓘ Ejemplo

Una empresa que no ha realizado la evaluación de riesgos laborales puede enfrentarse a una sanción grave. Si además esa omisión ha derivado en un accidente con resultado de lesiones, se puede agravar la sanción al grado máximo.

Civiles

Se materializan en **indemnizaciones económicas** por daños y perjuicios a los trabajadores o sus familiares. Pueden derivar de:

▶ **Accidentes de trabajo.**
▶ **Enfermedades profesionales.**
▶ Incumplimientos contractuales del deber de seguridad.

Estas indemnizaciones son independientes de las prestaciones económicas de la Seguridad Social.

Penales

Impuestas por los tribunales penales cuando se detecta una **conducta dolosa o gravemente negligente** que ha causado daño real o puesto en riesgo grave a los trabajadores. Las sanciones pueden incluir:

▶ **Multas económicas.**
▶ **Inhabilitación profesional.**
▶ **Pena de prisión** en casos de resultado de muerte o lesiones graves.

El procedimiento que da lugar a la imposición de sanciones sigue una **secuencia reglada** que garantiza el derecho de defensa de la parte implicada. Debe ser el siguiente:

1. **Actuación de la Inspección de Trabajo:**
   - La **Inspección de Trabajo y Seguridad Social** puede actuar:
     - De oficio (por campañas de control).
     - A instancia de parte (denuncias de trabajadores, sindicatos o terceros).
   - Realiza una **visita al centro de trabajo**, en la que puede:
     - Solicitar documentación.
     - Entrevistar a personal.
     - Comprobar las condiciones reales de trabajo.

ⓘ Importante

El inspector tiene la facultad de paralizar trabajos si observa un riesgo grave e inminente para la salud de los trabajadores.

2. **Levantamiento del acta:**
   Si se detecta alguna infracción, se levanta un **acta de infracción**, que incluye:
   - Hechos constatados.
   - Norma infringida.
   - Clasificación de la infracción (leve, grave, muy grave).
   - Propuesta de sanción.

   El acta se comunica a la empresa, que dispone de **un plazo para presentar alegaciones**.

3. **Resolución administrativa:**

La autoridad laboral emite una resolución tras valorar:

- El acta de infracción.
- Las alegaciones del empresario.
- La existencia de agravantes (reincidencia, riesgo grave, resultado lesivo) o atenuantes (colaboración, subsanación voluntaria).

En función del grado de la infracción, puede imponerse una **sanción económica** y otras medidas accesorias, como:

- **Suspensión de bonificaciones** a la Seguridad Social.
- **Prohibición de contratar con la Administración Pública.**
- **Clausura temporal de centros de trabajo.**

4. **Recurso de la sanción:**

La empresa puede recurrir la sanción por vía:

- **Administrativa**: presentando un **recurso de alzada o reposición** ante la autoridad que dictó la resolución.
- **Contencioso-administrativa**: acudiendo a los **tribunales de justicia** si no está conforme con la resolución administrativa.

Además de las sanciones económicas, pueden producirse:

- **Recargos en las prestaciones** de la Seguridad Social (entre el 30% y el 50%) cuando el accidente se deba a falta de medidas de seguridad.
- **Daños reputacionales** y pérdida de imagen pública o confianza empresarial.
- **Aumento de las primas de seguros** o de cotizaciones por accidentes de trabajo.
- Dificultades para obtener **certificaciones o licitaciones públicas**.

> ### ⓘ Nota
>
> El cumplimiento formal de la normativa no exime de responsabilidad si no se aplica de forma real y efectiva. La prevención no debe ser un mero trámite documental.

El régimen sancionador en materia de prevención de riesgos laborales es **estricto, progresivo y multidimensional**, abarcando desde advertencias económicas hasta condenas penales. Por ello, es fundamental que las empresas **gestionen la prevención como una prioridad estratégica**, asegurando la documentación, la formación, la planificación preventiva y el cumplimiento real de las medidas de seguridad para evitar sanciones y proteger la salud de sus trabajadores.

1.4.3 Casos prácticos y jurisprudencia relevante

El análisis de **casos reales** y la interpretación de los tribunales permiten comprender cómo se aplican las leyes de prevención de riesgos laborales en situaciones concretas. La jurisprudencia aclara el alcance de las normas legales, y también marca criterios que deben tener en cuenta empresarios, técnicos de prevención y trabajadores para evitar responsabilidades legales.

A continuación, se exponen varios **casos prácticos** y **resoluciones judiciales relevantes** que ilustran cómo se traduce la normativa en la práctica y qué consecuencias pueden derivarse de su incumplimiento.

Caso 1: caída desde una cubierta sin medidas de seguridad

Un trabajador de una empresa de mantenimiento cae desde una cubierta a 5 metros de altura mientras revisaba un tejado. No llevaba arnés ni existían líneas de vida o barandillas de protección. La empresa no había evaluado el riesgo específico de trabajos en altura ni formado adecuadamente al empleado.

El tribunal condenó a la empresa por infracción grave de la normativa de prevención. Se le impuso:

- **Multa administrativa elevada.**

- **Recargo del 40%** en las prestaciones de la Seguridad Social por falta de medidas de seguridad.

- **Indemnización civil** al trabajador por daños físicos y psicológicos.

> ⓘ **Importante**
>
> Los trabajos en altura requieren medidas específicas de protección colectiva o individual, y una evaluación previa que identifique el riesgo.

Caso 2: enfermedad profesional por exposición a productos químicos

Una trabajadora de un laboratorio desarrolla una enfermedad respiratoria crónica tras años de exposición a sustancias químicas sin ventilación adecuada. La empresa no realizó mediciones ambientales ni aplicó medidas de protección colectiva.

El Tribunal Superior de Justicia reconoció la **enfermedad profesional** y consideró que existía una **omisión de las obligaciones de vigilancia de la salud**. Además:

▶ Se condenó a la empresa al **pago de una indemnización por daños y perjuicios**.

▶ La Inspección de Trabajo impuso una **sanción muy grave** por no aplicar medidas preventivas frente a agentes químicos.

Caso 3: accidente de un trabajador subcontratado

Durante el montaje de una estructura metálica, un trabajador de una empresa subcontratada sufre la caída de una viga por fallo en la coordinación entre contratas. No se había entregado el plan de seguridad ni se habían realizado reuniones de coordinación.

El tribunal concluyó que la **empresa principal** no cumplió con su deber de coordinación de actividades empresariales (según el Real Decreto 171/2004). Se determinó:

▶ **Responsabilidad solidaria** entre empresa principal y subcontrata.
▶ Sanción administrativa y **recargo en prestaciones** por falta de coordinación.
▶ Condena a **indemnización civil** al trabajador.

Caso 4: muerte de un trabajador por derrumbe de un muro

Un trabajador muere al derrumbarse un muro durante unas obras. La empresa no realizó un estudio geotécnico previo, y el técnico de prevención alertó del riesgo, pero no se tomaron medidas.

La Audiencia Provincial condenó al **administrador de la empresa** por delito contra la seguridad de los trabajadores y **homicidio imprudente**:

▶ **Pena de prisión** y **responsabilidad penal subsidiaria de la empresa**.
▶ Multa e indemnización a la familia.
▶ Inhabilitación para ejercer como empresario durante varios años.

El estudio de casos y jurisprudencia evidencia que el **incumplimiento de la normativa preventiva puede tener consecuencias muy graves**: económicas, reputacionales, penales y, sobre todo, humanas. Las resoluciones judiciales remarcan la importancia de que la prevención sea **real, eficaz, planificada y documentada**. Además, refuerzan la idea de que el empresario no puede delegar su responsabilidad, aunque externalice ciertas funciones.

1.5 AUTOEVALUACIÓN DE LA SECCIÓN

Investiga qué normativas nacionales e internacionales en materia de prevención de riesgos laborales afectan a un sector profesional concreto (como construcción, hostelería o sanidad), y elabora una breve ficha explicativa de cada una, señalando su ámbito de aplicación y principales obligaciones.

Elabora un cuadro comparativo entre las cuatro modalidades organizativas de la prevención recogidas en el RD 39/1997, detallando para cada una: características, requisitos, ventajas, inconvenientes y casos en los que se aplica habitualmente.

Desarrolla una ficha-resumen con las funciones, derechos y obligaciones de cada uno de los agentes implicados en la prevención dentro de la empresa: empresario, trabajadores, delegados de prevención y servicios de prevención. Valora con ejemplos su grado de implicación en un entorno laboral real.

Analiza un caso real en el que se haya producido un accidente laboral. Identifica las responsabilidades administrativas, civiles y penales derivadas del caso, y proponer medidas correctoras que podrían haberse aplicado para evitarlo.

1.5.1 Preguntas tipo test

1. **¿Qué ley establece el marco general de la prevención de riesgos laborales en España?**
   a) Real Decreto 486/1997
   b) **Ley 31/1995**
   c) Código Penal
   d) Reglamento de Servicios Sociales

2. **¿Qué organización internacional promueve convenios sobre seguridad laboral?**
   a) ONU Hábitat
   b) Unión Europea
   c) OCDE
   d) **OIT**

3. **¿Cuál de las siguientes NO es una modalidad organizativa reconocida por el RD 39/1997?**
   a) Asunción personal del empresario
   b) Trabajadores designados
   c) Servicio de prevención ajeno
   d) **Departamento de recursos humanos**

4. **¿Qué requisito debe cumplirse para que el empresario pueda asumir personalmente la prevención?**
   a) Que la empresa tenga menos de 50 trabajadores
   b) Que la empresa tenga un servicio médico
   c) **Que no se realicen actividades peligrosas y haya menos de 10 trabajadores**
   d) Que los trabajadores estén subcontratados

5. **¿Cuál de estas funciones corresponde a los delegados de prevención?**
   a) Redactar el plan contable anual
   b) Supervisar la producción
   c) **Colaborar en la mejora de la acción preventiva**
   d) Emitir nóminas

6. **¿Qué órgano paritario está compuesto por delegados de prevención y representantes de la empresa?**
   a) Junta de trabajadores
   b) **Comité de Seguridad y Salud**
   c) Colegio oficial de prevención
   d) Comité de Empresa Externo

7. **¿Cuál es el tipo de responsabilidad que busca reparar económicamente un daño a un trabajador?**
   a) Administrativa
   b) Penal
   c) **Civil**
   d) Disciplinaria

8. **¿Qué organismo impone las sanciones administrativas por incumplimientos en prevención?**
   a) **Inspección de Trabajo y Seguridad Social**
   b) Juzgado de lo Penal
   c) Tribunal Supremo
   d) Consejo Económico y Social

9. **¿Cuál es el máximo de sanción económica por una infracción muy grave en prevención?**
   a) 45.000 €
   b) 196.745 €
   c) 451.000 €
   d) **983.736 €**

10. **¿Qué sentencia del Tribunal Supremo remarca que el empresario debe garantizar el uso efectivo de los medios preventivos?**
   a) STS 270/2012
   b) STS 125/2003
   c) STS 385/2004
   d) **STS 125/2001**

2

L ROL DEL MANDO INTERMEDIO EN LA GESTIÓN PREVENTIVA DE RIESGOS LABORALES

2.1 INTEGRACIÓN DE LA PREVENCIÓN EN LA ESTRUCTURA ORGANIZATIVA

La **integración de la prevención de riesgos laborales** en la estructura organizativa es imprescindible para garantizar un entorno de trabajo seguro y saludable. No debe entenderse como una actividad aislada, sino como un **proceso transversal** que afecta a todos los niveles jerárquicos y áreas funcionales de la empresa.

La prevención debe impregnar las decisiones estratégicas, operativas y técnicas, de forma que el objetivo de proteger la salud de los trabajadores sea inherente a la propia gestión empresarial.

2.1.1 Gestión interna de la prevención de riesgos en la empresa

La gestión interna de la prevención implica la **planificación, organización, control y evaluación** de las actividades preventivas en todos los niveles de la empresa. Esto incluye:

▶ El establecimiento de una **política preventiva** clara y comunicada a todo el personal.

▶ La **asignación de responsabilidades** específicas en materia de seguridad y salud en el trabajo.

▶ La **coordinación de actividades preventivas** entre los distintos departamentos.

▶ La **provisión de recursos materiales, humanos y técnicos** adecuados.

Nota

Una buena práctica consiste en integrar la prevención en todos los procesos de trabajo, no solo en los relacionados directamente con actividades de riesgo elevado.

La **estructura de prevención** puede organizarse de distintas formas, dependiendo de factores como el tamaño de la empresa o la peligrosidad de sus actividades. Existen distintas modalidades de organización preventiva: asunción de la actividad por el empresario, designación de trabajadores, servicios de prevención propios o ajenos.

2.1.2 La prevención como motor de cambio dentro de la organización

Más allá del cumplimiento legal, la prevención de riesgos puede actuar como **motor de transformación positiva** dentro de la organización. Al promover entornos de trabajo seguros y saludables, se fomenta:

- El **incremento de la productividad** y la calidad del trabajo.
- La **mejora del clima laboral** y la satisfacción de los trabajadores.
- La **reducción de costes** asociados a accidentes y enfermedades profesionales.
- La **proyección de una imagen positiva** de la empresa ante clientes, proveedores y la sociedad en general.

La integración efectiva de la prevención requiere una **cultura preventiva sólida**, basada en principios como el liderazgo preventivo, la participación de los trabajadores y la mejora continua.

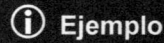 **Ejemplo**

Una empresa que implementa programas de ergonomía participativa reduce los trastornos musculoesqueléticos y mejora la implicación de su plantilla en el diseño de los puestos de trabajo.

2.1.3 Estrategias de integración y obstáculos frecuentes

La integración de la prevención en la estructura organizativa requiere voluntad por parte de la empresa y la aplicación de **estrategias eficaces** que permitan trasladar los principios preventivos a la práctica diaria de todos los niveles jerárquicos. Estas estrategias deben adaptarse a la realidad de cada organización, teniendo en cuenta su tamaño, sector de actividad, recursos disponibles y cultura interna.

Sin embargo, el proceso de integración no está exento de dificultades. Identificar y anticiparse a los **obstáculos más comunes** permite establecer medidas correctoras que favorezcan la consolidación de una cultura preventiva. A continuación, se presentan algunas estrategias clave para lograr una integración efectiva, así como los principales retos que suelen aparecer durante su implantación.

Algunas estrategias de integración son:

- ⚑ **Incorporación de criterios preventivos** en todas las fases de los proyectos: desde el diseño hasta la ejecución.

- ⚑ **Formación continua** de todos los niveles jerárquicos en materia de prevención.

- ⚑ **Evaluaciones periódicas** de los riesgos laborales y actualización de medidas preventivas.

- ⚑ **Participación activa** de los trabajadores y sus representantes en la gestión preventiva.

- ⚑ **Comunicación interna eficaz**, asegurando el flujo de información preventiva en ambos sentidos (vertical y horizontal).

Por otro lado, como obstáculos frecuentes, se pueden distinguir:

⚑ **Falta de compromiso** real de la alta dirección.

⚑ **Consideración de la prevención como un gasto** y no como una inversión.

⚑ **Descoordinación** entre departamentos.

⚑ **Deficiencias en la comunicación interna**.

⚑ **Resistencia al cambio** por parte del personal o de mandos intermedios.

⚑ **Insuficiencia de recursos humanos, técnicos o financieros** destinados a la prevención.

ⓘ **Recuerda**

El éxito de la integración preventiva depende, en gran medida, del liderazgo visible y comprometido de los mandos intermedios, quienes actúan como nexo entre la dirección y la plantilla.

2.2 RESPONSABILIDADES DE LOS MANDOS INTERMEDIOS EN MATERIA PREVENTIVA

Los **mandos intermedios** desempeñan un papel esencial en la integración y aplicación de la prevención de riesgos laborales en el entorno productivo. Como figura de enlace entre la dirección y el personal operativo, su actuación influye directamente en la ejecución de las políticas preventivas y en la consolidación de una **cultura de seguridad** dentro de la organización.

Sus responsabilidades van más allá del cumplimiento formal de normas: deben fomentar comportamientos seguros, actuar como modelo de referencia y resolver situaciones que impliquen riesgos para la seguridad o salud del personal. Por ello, es fundamental que cuenten con una **formación adecuada**, una actitud proactiva y una visión transversal de la prevención.

2.2.1 Clasificación de funciones preventivas

Las funciones preventivas de los mandos intermedios pueden clasificarse en diferentes **categorías**, dependiendo del enfoque desde el que se analicen. A continuación, se presenta una clasificación funcional orientada a la operativa diaria:

⚑ **Funciones de planificación y organización preventiva**: implican prever los recursos necesarios para desarrollar las tareas en condiciones seguras, planificar tiempos de ejecución y coordinar la integración de la prevención en cada proceso.

▼ **Funciones de supervisión y control**: consisten en vigilar el cumplimiento de las normas de seguridad y salud en el trabajo, así como verificar el uso correcto de equipos de protección, máquinas y procedimientos establecidos.

▼ **Funciones de formación e información**: abarcan la transmisión de conocimientos preventivos al personal bajo su responsabilidad, así como la comunicación de cambios en los procedimientos o condiciones de trabajo.

▼ **Funciones de comunicación y enlace**: los mandos intermedios recogen información del equipo sobre riesgos, incidentes o propuestas de mejora, y la trasladan a la dirección o al servicio de prevención, actuando como canal bidireccional.

▼ **Funciones de intervención directa ante riesgos**: incluyen la detección inmediata de situaciones de peligro, la adopción de medidas correctoras urgentes y la toma de decisiones para minimizar daños en caso de emergencia.

ⓘ **Nota**

El valor de un mando intermedio no radica solo en su conocimiento técnico, sino en su capacidad de anticiparse a los problemas y movilizar a su equipo en favor de un entorno laboral seguro.

2.2.2 Tareas específicas de prevención a cargo del mando intermedio

Las **tareas preventivas** que recaen en los mandos intermedios dependen de las características específicas de cada empresa, pero generalmente comprenden las siguientes:

- ▶ **Detectar condiciones peligrosas** en el lugar de trabajo y comunicarlo al responsable correspondiente o actuar directamente si está en su ámbito de responsabilidad.

- ▶ **Supervisar que se utilicen adecuadamente los equipos de protección individual y colectiva**, y que estén en condiciones óptimas de uso.

- ▶ **Participar en la investigación de incidentes, accidentes o enfermedades profesionales**, aportando información clave sobre la operativa habitual del equipo.

- ▶ **Proponer mejoras preventivas** en los procedimientos de trabajo, basadas en su conocimiento práctico del terreno.

- ▶ **Planificar las tareas asignando funciones compatibles con las capacidades del personal y las medidas de seguridad establecidas**.

- ▶ **Asegurar que el personal reciba formación e información preventiva**, y verificar su comprensión y aplicación.

- ▶ **Promover el orden y la limpieza** como base de un entorno seguro.

- ▶ **Coordinarse con otros mandos intermedios** o responsables de área cuando se compartan espacios o recursos que puedan generar riesgos conjuntos.

ⓘ Ejemplo

En un almacén logístico, un mando intermedio detecta que varios operarios están utilizando transpaletas sin chaleco reflectante. Procede a paralizar momentáneamente la tarea, proporciona los chalecos, recuerda la norma y comunica la incidencia al responsable del área de prevención para su seguimiento.

Según la Ley 31/1995 de Prevención de Riesgos Laborales, todos los trabajadores tienen obligaciones preventivas, pero los mandos intermedios, por su posición jerárquica, asumen responsabilidades adicionales al coordinar y dirigir al personal operativo.

2.2.3 Inclusión de la prevención en la supervisión y ejecución de tareas

La **supervisión operativa** es una de las principales funciones del mando intermedio. Incluir criterios preventivos en este proceso mejora la seguridad y optimiza la eficiencia y la calidad del trabajo.

Para lograrlo, es fundamental que los mandos intermedios:

▼ Integren la prevención desde la **planificación de las tareas**, considerando los riesgos potenciales antes de su ejecución.

▼ Observen y **evalúen los comportamientos de seguridad** durante el desarrollo del trabajo, corrigiendo desviaciones en tiempo real.

▼ Verifiquen que se emplean los **procedimientos de trabajo seguro**, incluidos los protocolos de parada y bloqueo, manipulación de cargas, uso de productos químicos, etc.

▼ Realicen **reuniones operativas breves (toolbox meetings)** donde se recuerden los aspectos clave de seguridad antes del inicio de turnos o tareas críticas.

La prevención no debe verse como un añadido, sino como un criterio más de calidad en la ejecución del trabajo.

ⓘ Ejemplo

Antes de realizar trabajos en altura, un mando intermedio debe comprobar que todos los operarios cuentan con arnés, que los anclajes están correctamente instalados y que se ha realizado la comprobación de riesgo de caída de objetos.

2.2.4 Sugerencias para incorporar la prevención al trabajo en equipo

Fomentar un **trabajo en equipo preventivo** implica promover la participación activa de todos los integrantes del grupo en la mejora de la seguridad laboral. Para lograrlo, el mando intermedio puede aplicar estrategias como:

- ▸ **Involucrar al equipo en la identificación de riesgos** y en la propuesta de soluciones durante reuniones periódicas.

- ▸ **Asignar roles de referencia en prevención** dentro del grupo (por ejemplo, un "responsable diario de orden y limpieza").

- ▸ **Promover el diálogo y la escucha activa**, recogiendo sugerencias del personal sobre posibles mejoras preventivas.

- ▸ Reforzar positivamente las **conductas seguras** mediante el reconocimiento verbal o la asignación de responsabilidades adicionales.

- ▸ Favorecer la **cooperación entre departamentos o turnos**, especialmente en espacios compartidos o tareas coordinadas.

Resulta fundamental tener presente que una cultura preventiva sólida se construye colectivamente. El liderazgo participativo del mando intermedio es clave para implicar al grupo.

ⓘ Nota

Las metodologías de mejora continua como el ciclo PDCA (Plan-Do-Check-Act) pueden aplicarse a la prevención con el apoyo activo del equipo, generando dinámicas de evaluación y mejora participativa.

2.2.5 Capacitación del equipo sobre prevención de riesgos laborales

La **formación e información** son derechos de los trabajadores y responsabilidades legales del empleador, pero su eficacia práctica depende en gran medida del seguimiento e impulso de los mandos intermedios.

Los mandos deben asegurarse de que su equipo:

- ▸ **Reciba la formación obligatoria y específica** para los riesgos del puesto de trabajo.

- ▸ Comprenda los **contenidos formativos**, resolviendo dudas y reforzando conceptos clave mediante ejemplos prácticos.

- ▸ Aplique lo aprendido a las tareas reales, corrigiendo desviaciones si es necesario.

- ▸ Sea informado de los **cambios normativos, tecnológicos u organizativos** que afecten a la seguridad y salud en el trabajo.

Además, el mando puede promover **espacios de formación informal**, como simulacros, repasos antes de tareas críticas o análisis conjuntos de incidentes.

> ### ⓘ Ejemplo
>
> Después de una formación sobre manipulación de cargas, el mando intermedio organiza una práctica supervisada donde cada trabajador aplica la técnica correcta, identificando errores comunes.

Es importante recordar que la capacitación no debe limitarse a acciones puntuales, sino ser continua y adaptada a la evolución de los riesgos y las condiciones de trabajo.

2.3 HERRAMIENTAS PRÁCTICAS DEL MANDO INTERMEDIO PARA IMPULSAR LA SEGURIDAD

El **mando intermedio** es una figura clave para el desarrollo e implementación efectiva de la prevención de riesgos laborales en el entorno real de trabajo. Su cercanía con los operarios, su conocimiento de los procesos productivos y su capacidad de supervisión lo convierten en un agente decisivo para promover y consolidar una **cultura de seguridad**.

Para cumplir con este rol de manera eficaz, el mando debe disponer de una serie de **herramientas prácticas** que le permitan intervenir en la mejora continua de las condiciones de trabajo. Estas herramientas incluyen instrumentos técnicos, recursos metodológicos y habilidades comunicativas que favorecen una actuación preventiva directa, ágil y constante.

A continuación, se detallan las herramientas más útiles para el día a día del mando intermedio.

Listas de verificación o "checklists" de seguridad

Las **checklists** son documentos estructurados que permiten al mando intermedio realizar inspecciones sistemáticas de elementos críticos en materia de seguridad. Estas listas ayudan a identificar riesgos existentes o potenciales, verificar el cumplimiento de los procedimientos y asegurar que los equipos y condiciones son adecuados antes del inicio de las tareas.

Pueden ser generales (aplicables a cualquier puesto) o específicas para ciertas actividades (trabajos en altura, uso de maquinaria, manipulación de productos químicos, etc.).

¿Cuáles son sus principales beneficios?

▶ Estandarizan la supervisión preventiva.
▶ Aumentan la objetividad y reducen omisiones.
▶ Permiten documentar hallazgos y tomar medidas inmediatas.

ⓘ Ejemplo

Una checklist de mantenimiento puede incluir la verificación del estado de los sistemas de protección en una máquina, la revisión del plan de bloqueo y etiquetado, y el control del acceso al área durante la intervención.

Observación directa del comportamiento

La observación directa es una herramienta poderosa para evaluar el grado de integración de la seguridad en la conducta diaria de los trabajadores. El mando intermedio puede detectar **prácticas inseguras** o mejoras aplicadas espontáneamente por el personal, analizando tanto el resultado, como **el proceso de trabajo en tiempo real**.

Se recomienda adoptar un enfoque **constructivo y no sancionador**, para fomentar una actitud positiva hacia la seguridad y facilitar la corrección voluntaria de conductas de riesgo.

Algunas de sus utilidades clave son:

- ▰ Identificar hábitos inseguros que pueden pasar desapercibidos en una revisión documental.
- ▰ Evaluar la eficacia de la formación impartida.
- ▰ Reforzar los comportamientos positivos mediante el reconocimiento inmediato.

La observación debe convertirse en una rutina preventiva cotidiana, no limitada a situaciones de emergencia o tras un accidente.

Reuniones breves de seguridad (toolbox meetings)

Estas reuniones, también conocidas como "charlas de seguridad", son encuentros informales y de corta duración que se realizan generalmente **al inicio de la jornada o antes de tareas críticas**. Su finalidad es recordar conceptos clave de seguridad, revisar los riesgos del día y repasar los procedimientos específicos que se aplicarán.

El mando intermedio puede usar estas reuniones para:

▼ Introducir cambios preventivos recientes.

▼ Comentar lecciones aprendidas tras un incidente.

▼ Consultar al equipo sobre dificultades o mejoras.

▼ Reforzar mensajes clave relacionados con la cultura preventiva.

ⓘ Nota

Estas reuniones no deben sustituir la formación formal, pero sí actúan como recordatorios prácticos continuos que consolidan los contenidos formativos previos.

Comunicación activa con el equipo

La prevención se construye sobre la base de una comunicación fluida y bidireccional. El mando intermedio actúa como **nexo de unión** entre la dirección y los trabajadores, por lo que debe desarrollar habilidades comunicativas que le permitan transmitir información técnica de manera clara, así como recoger dudas, propuestas y necesidades del equipo.

Entre las claves de una comunicación preventiva eficaz se distinguen:

▼ Claridad: emplear un lenguaje comprensible, adaptado al nivel del interlocutor.

▼ Escucha activa: atender con interés y sin juicios las opiniones del personal.

▼ Retroalimentación: dar respuestas concretas a las inquietudes planteadas.

▼ Coherencia: mantener una actitud alineada con lo que se comunica.

ⓘ Ejemplo

Cuando se detecta una situación insegura, el mando no solo ordena su corrección, sino que explica el porqué, relacionándolo con consecuencias reales y mostrando alternativas seguras.

Indicadores básicos de desempeño preventivo

Aunque la gestión estadística de la prevención suele ser responsabilidad de los servicios de prevención o del nivel directivo, el mando intermedio puede utilizar **indicadores simples pero reveladores** para monitorizar el compromiso preventivo de su equipo y la evolución de determinadas situaciones.

Algunos indicadores útiles para el día a día son los siguientes:

- Número de actos inseguros detectados y corregidos.
- Participación del equipo en formaciones o simulacros.
- Grado de cumplimiento de las listas de verificación.
- Tiempo medio de respuesta ante incidencias.
- Propuestas de mejora recibidas.

El seguimiento de estos datos permite **medir el impacto real** de las acciones preventivas y orientar la toma de decisiones operativas.

Gestión visual de la prevención

La **gestión visual** consiste en el uso de elementos gráficos para facilitar la comprensión inmediata de normas, riesgos y procedimientos. Su aplicación en prevención tiene un gran valor didáctico y práctico, especialmente en entornos industriales o con diversidad lingüística o cultural.

¿Cuáles son los elementos visuales habituales?

- Pictogramas de seguridad.
- Señalización de zonas de riesgo.
- Diagramas de flujo para procedimientos.
- Tableros de seguridad con información actualizada.

En metodologías como las 5S, propias de la gestión lean, se promueve la visualización de lo anómalo para facilitar la corrección rápida y el mantenimiento del orden.

ⓘ Ejemplo

En un taller mecánico, un tablero con los EPI requeridos por cada tipo de tarea ayuda al personal a comprobar, de un vistazo, si está equipado correctamente antes de comenzar.

Colaboración con el servicio de prevención

El mando intermedio debe mantener una **relación constante y constructiva** con el servicio de prevención (propio o ajeno). Esta colaboración garantiza una adecuada gestión de la información técnica, así como la correcta ejecución de las acciones correctoras derivadas de evaluaciones, inspecciones o auditorías.

Entre las responsabilidades compartidas, se encuentran:

- Informar al servicio de prevención de cambios operativos que puedan generar nuevos riesgos.
- Aplicar en su área las recomendaciones técnicas preventivas.
- Participar en la investigación de accidentes.
- Coordinarse en la organización de simulacros o acciones formativas.

Una relación fluida entre el mando y el servicio de prevención permite una **respuesta más ágil, eficaz y ajustada a la realidad operativa.**

3

FUNDAMENTOS BÁSICOS DE PREVENCIÓN PARA MANDOS INTERMEDIOS

3.1 ANÁLISIS Y EVALUACIÓN DE RIESGOS

El **análisis y evaluación de riesgos** constituye uno de los pilares fundamentales de la gestión preventiva en cualquier organización. Se trata de un proceso sistemático mediante el cual se identifican los peligros existentes en el entorno laboral, se analizan sus características y se valora su probabilidad e impacto sobre la seguridad y salud de los trabajadores.

Para los **mandos intermedios**, este proceso no implica realizar directamente evaluaciones técnicas, salvo que dispongan de formación específica, pero sí **comprender sus fundamentos, participar activamente en su aplicación y colaborar en la implantación de medidas correctoras** en su área de responsabilidad.

Los objetivos del análisis y evaluación de riesgos son:

- ▶ **Identificar los peligros** que pueden generar daños a la salud.
- ▶ **Valorar la magnitud del riesgo**, considerando su probabilidad y severidad.
- ▶ **Priorizar las actuaciones preventivas**, según el nivel de riesgo detectado.
- ▶ **Determinar medidas de control** eficaces para eliminar o minimizar los riesgos.

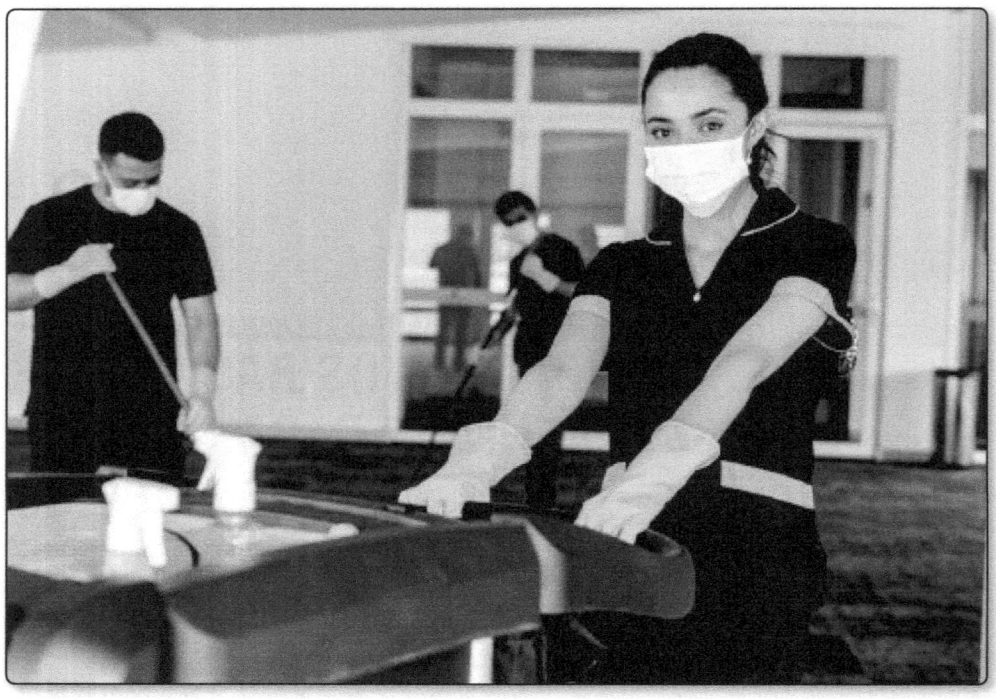

3.1.1 Tipologías de evaluaciones preventivas

Existen distintas **tipologías de evaluación de riesgos**, que varían en función de su finalidad, profundidad o momento de aplicación. Conocer estas modalidades permite a los mandos intermedios **identificar el tipo de evaluación aplicable en cada situación** y colaborar de manera adecuada en su desarrollo.

A continuación, se describen las principales.

Evaluación inicial de riesgos

Es la primera evaluación que debe realizarse cuando se inicia una nueva actividad, se pone en marcha un centro de trabajo o se produce un cambio relevante en el entorno laboral. Su objetivo es **identificar todos los riesgos presentes** en el puesto o actividad antes de que comiencen a ejecutarse las tareas.

¿Cuándo se aplica?

▼ Apertura de un nuevo centro de trabajo.

▼ Incorporación de nueva maquinaria.

▼ Introducción de nuevos procesos o productos.

Evaluación periódica o de seguimiento

Se realiza con una periodicidad determinada (anual, bianual, etc.) o en función del tipo de riesgo evaluado. Permite **verificar si las condiciones han cambiado** y si las medidas preventivas implantadas siguen siendo efectivas.

Su objetivo principal es **actualizar los datos de la evaluación inicial y garantizar la vigencia del sistema preventivo.**

ⓘ Ejemplo

Una empresa con exposición a ruido realiza una medición anual para comprobar que los niveles no han aumentado debido al deterioro de maquinaria.

Evaluación tras accidente o incidente

Cuando ocurre un accidente, incidente o enfermedad profesional, se lleva a cabo una evaluación específica para **determinar las causas del suceso** y evitar su repetición. Esta evaluación se centra en el área afectada y puede requerir la revisión de procedimientos, equipos, organización del trabajo, etc.

La evaluación tras incidente es una herramienta clave para el aprendizaje y la mejora continua, más allá de la simple atribución de responsabilidades.

Evaluación específica de riesgos concretos

Algunos riesgos, por su peligrosidad o especificidad, requieren una evaluación técnica y detallada independiente del análisis general. Entre ellos destacan:

▶ Riesgo eléctrico.

▶ Riesgo de exposición a agentes químicos.

▶ Riesgos psicosociales (estrés, acoso, carga mental).

▶ Riesgo por manipulación manual de cargas.

▶ Riesgos por pantallas de visualización de datos.

ⓘ Recuerda

La normativa de prevención (Ley 31/1995 y RD 39/1997) establece la obligatoriedad de realizar evaluaciones específicas cuando los riesgos así lo exijan, especialmente si pueden derivar en daños graves.

Evaluación a petición de los trabajadores o representantes

Si un trabajador o su representante considera que existen condiciones de riesgo no evaluadas o no controladas, puede solicitar una evaluación. La empresa tiene la obligación de atender esta petición **cuando esté razonadamente justificada**.

El mando intermedio debe estar atento a estas demandas, recogerlas con atención y **trasladarlas al servicio de prevención o a la dirección**, fomentando una actitud proactiva y receptiva.

Evaluación por cambios sustanciales

Cualquier modificación importante en los procesos, instalaciones, métodos de trabajo o plantilla puede alterar los riesgos existentes. En estos casos, es necesario **actualizar la evaluación** para adaptarla a la nueva realidad.

ⓘ Ejemplo

La automatización de una línea de producción puede reducir ciertos riesgos físicos, pero introducir otros de tipo eléctrico, mecánico o de interacción hombre-máquina.

Tipo de evaluación	Cuándo se aplica	Objetivo principal
Inicial	Inicio de actividad o proceso nuevo	Identificar riesgos y establecer controles
Periódica	Según frecuencia establecida	Verificar y actualizar condiciones
Tras accidente/incidente	Después de un suceso	Detectar causas y evitar repetición
Específica	Riesgos particulares (químicos, ergonómicos)	Evaluación técnica profunda
Por solicitud de trabajadores	Cuando hay una denuncia razonada	Responder a inquietudes del personal
Por cambios sustanciales	Modificación de procesos, equipos o tareas	Revaluar riesgos nuevos o modificados

3.1.2 Etapas del proceso de evaluación

La **evaluación de riesgos laborales** es un procedimiento estructurado y secuencial, cuyo objetivo es detectar y valorar los peligros que pueden afectar la seguridad y salud de los trabajadores, así como determinar las medidas preventivas más adecuadas. Aunque su ejecución técnica suele corresponder al servicio de prevención, los **mandos intermedios** juegan un papel clave en varias etapas del proceso, especialmente en la identificación de situaciones peligrosas, la aplicación de medidas correctoras y la supervisión del cumplimiento.

El proceso de evaluación se articula generalmente en las siguientes etapas.

1. Recopilación de información inicial

En esta fase se obtiene toda la información necesaria sobre las condiciones de trabajo. Esto incluye:

- **Descripción detallada de los procesos productivos**.
- Relación de **puestos de trabajo** y actividades realizadas.
- **Equipos, productos y materiales** empleados.
- **Organización del trabajo** (turnos, pausas, tiempos, etc.).
- **Entorno físico** (iluminación, ruido, temperatura, etc.).
- Información sobre **accidentes e incidentes anteriores**.

El mando intermedio debe colaborar proporcionando información técnica y operativa realista, así como identificando tareas no documentadas formalmente pero que se realizan habitualmente.

2. Identificación de peligros

En esta fase se localizan todos los elementos que puedan causar daño a la salud o la integridad física del trabajador. Un peligro puede estar relacionado con:

▼ Máquinas o equipos de trabajo.

▼ Sustancias químicas o biológicas.

▼ Condiciones ambientales adversas.

▼ Factores organizativos o psicosociales.

▼ Posturas forzadas o movimientos repetitivos.

ⓘ Nota

No deben limitarse a los riesgos más evidentes. Muchos peligros "invisibles", como el estrés laboral o el ruido constante, pueden causar daños iguales o más graves a medio y largo plazo.

3. Análisis del riesgo

Aquí se examina la naturaleza del riesgo derivado de cada peligro identificado, considerando dos factores fundamentales:

- ▶ **Probabilidad de que se materialice el daño** (alta, media, baja).
- ▶ **Gravedad de sus consecuencias** (leve, moderada, grave o muy grave).

Este análisis puede ser **cualitativo** (basado en criterios y juicio experto) o **cuantitativo** (empleando datos y fórmulas). El objetivo es comprender la magnitud del riesgo para poder valorarlo de manera objetiva.

4. Valoración del riesgo

Una vez analizado el riesgo, se asigna una categoría de peligrosidad que orienta la urgencia y tipo de medidas a adoptar. Es común utilizar **matrices de riesgos**, donde se cruzan probabilidad y gravedad para clasificar el riesgo como:

- ▶ **Tolerable**: no requiere acción inmediata, pero debe vigilarse.
- ▶ **Moderado**: requiere intervención programada.
- ▶ **Importante**: necesita corrección prioritaria.
- ▶ **Intolerable**: exige intervención inmediata y posible paralización de la actividad.

Algunas empresas utilizan escalas numéricas o semáforos de colores para facilitar la interpretación del nivel de riesgo por parte de todo el personal.

5. Determinación de medidas preventivas

En función del nivel de riesgo detectado, se establecen **medidas de eliminación, control o mitigación**. Se priorizan siempre las acciones que eliminan el riesgo desde su origen (prevención primaria), y en segundo lugar las medidas de protección colectiva e individual.

Algunos ejemplos de medidas son:

▸ Sustitución de sustancias peligrosas por otras menos tóxicas.
▸ Encapsulado de máquinas con piezas móviles.
▸ Mejora de la ventilación o iluminación.
▸ Uso de Equipos de Protección Individual (EPI).

El mando intermedio debe supervisar la implementación práctica de las medidas en su área y comprobar su eficacia en el día a día.

6. Seguimiento y revisión

La evaluación de riesgos no es un documento estático. Debe actualizarse periódicamente o cuando:

▸ Cambian las condiciones de trabajo.
▸ Se introduce nueva maquinaria o tecnología.
▸ Ocurre un accidente o incidente significativo.
▸ Se detectan deficiencias en las medidas implantadas.

① Ejemplo

Si se reorganiza una línea de montaje para aumentar la productividad, puede cambiar la carga de trabajo, la postura o el ritmo, generando nuevos riesgos que deben ser evaluados.

Etapa	Finalidad principal	Participación del mando intermedio
Recopilación de información	Documentar condiciones de trabajo	Alta
Identificación de peligros	Detectar posibles fuentes de daño	Alta
Análisis del riesgo	Estudiar probabilidad y gravedad	Media
Valoración del riesgo	Clasificar nivel de riesgo	Media
Medidas preventivas	Establecer acciones correctoras	Alta
Seguimiento y revisión	Garantizar eficacia y actualización del sistema	Alta

3.1.3 Técnicas utilizadas en la evaluación de riesgos

El proceso de **evaluación de riesgos** puede apoyarse en diferentes **técnicas y metodologías** para identificar peligros, estimar riesgos y proponer medidas preventivas adecuadas. Estas técnicas, que pueden ser **cualitativas, semicuantitativas o cuantitativas**, deben adaptarse al tipo de actividad, a los riesgos presentes y al nivel de especialización requerido.

Para los **mandos intermedios**, no se espera un dominio técnico profundo de estas herramientas, pero sí una comprensión general que les permita colaborar eficazmente con el personal técnico de prevención y **reconocer cuándo aplicar cada enfoque** en función de las situaciones prácticas.

A continuación, se presentan las técnicas más comunes, agrupadas por su naturaleza:

Técnicas cualitativas

Estas técnicas se basan en la **experiencia, observación directa y juicio experto**, sin requerir datos numéricos complejos. Son muy útiles en la evaluación inicial o para identificar rápidamente riesgos evidentes.

a) **Inspecciones de seguridad:**

Consisten en recorrer el centro de trabajo observando condiciones, equipos, señalización y prácticas de los trabajadores. Se suelen apoyar en listas de verificación y permiten detectar situaciones anómalas de forma sencilla.

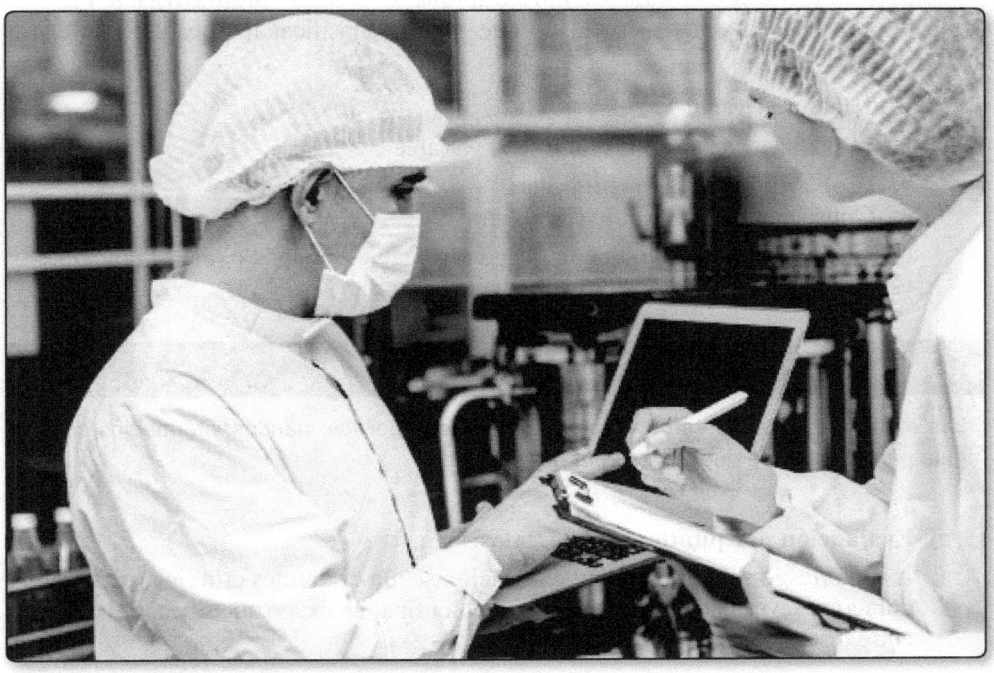

> **ⓘ Ejemplo**
>
> Durante una inspección, el mando intermedio observa que un extintor está bloqueado por material apilado y lo comunica para su corrección inmediata.

b) **Listas de comprobación (checklists):**

Instrumentos estructurados que guían la observación de los riesgos asociados a una tarea, equipo o zona. Aumentan la eficacia de las inspecciones y reducen la subjetividad.

c) **Método del "qué pasaría si" (What if?):**

Consiste en plantear escenarios hipotéticos ante situaciones no deseadas. Permite anticiparse a fallos o errores humanos.

> **ⓘ Ejemplo**
>
> ¿Qué pasaría si se produce un corte eléctrico durante el uso de una prensa? ¿Está preparada la máquina para detenerse sin riesgo?

Técnicas semicuantitativas

Estas técnicas asignan **valores aproximados o escalas cualitativas** a factores como la probabilidad y la severidad, lo que permite clasificar los riesgos y priorizar intervenciones.

a) **Matrices de riesgo:**

Herramientas visuales que cruzan dos variables:

- **Probabilidad** (baja, media, alta).
- **Consecuencia** (leve, grave, muy grave).

Permiten determinar el nivel de riesgo (aceptable, moderado, alto, intolerable) y establecer prioridades de actuación.

> **ⓘ Ejemplo**
>
> Las matrices de riesgo son ampliamente utilizadas por los mandos intermedios como guía para la toma de decisiones operativas.

b) **Evaluación por puntuación o escalas:**

A cada riesgo se le asigna una puntuación según diferentes criterios (exposición, duración, severidad), lo que genera un valor final de riesgo que se puede comparar entre distintos puestos.

Técnicas cuantitativas

Estas requieren la **recolección y análisis de datos numéricos** específicos. Son más precisas, pero también más complejas y suelen ser aplicadas por personal técnico especializado. Se utilizan cuando el riesgo es elevado, cuando hay normativa que lo exige o cuando se requieren medidas muy ajustadas.

   a) **Mediciones higiénicas:**

- **Iluminación**: luxómetros.
- **Contaminantes químicos en el aire**: captadores de muestras.
- **Vibraciones**: acelerómetros.
- **Ruido**: decibelímetros.

    Estas mediciones se comparan con los valores límite establecidos por la normativa para determinar si el nivel de exposición es aceptable.

   b) **Análisis estadístico de accidentes:**

    Permite identificar patrones de siniestralidad, causas recurrentes o áreas con mayor incidencia, a partir de datos reales históricos.

   c) **Métodos ergonómicos cuantitativos:**

    Como el **OWAS, RULA o REBA**, utilizados para evaluar la carga postural o el esfuerzo físico derivado de ciertos movimientos o posiciones de trabajo.

Técnicas específicas por tipo de riesgo

Algunos riesgos requieren técnicas específicas, como:

▶ **Riesgos eléctricos**: evaluación de aislamiento, continuidad de tierras, protección diferencial.

▶ **Riesgos psicosociales**: cuestionarios como el **CoPsoQ**, para evaluar carga mental, ritmos de trabajo o relaciones interpersonales.

▶ **Riesgos químicos**: fichas de datos de seguridad (FDS), estudios toxicológicos, índices de exposición.

ⓘ **Nota**

El Instituto Nacional de Seguridad y Salud en el Trabajo (INSST) ofrece fichas técnicas y guías metodológicas específicas para evaluar cada tipo de riesgo en diferentes sectores.

Aunque muchas de estas técnicas no son responsabilidad directa del mando intermedio, su colaboración es fundamental para:

▶ **Detectar indicios de riesgo** que motiven una evaluación más profunda.

▶ **Facilitar el acceso del personal técnico** a los puestos y trabajadores.

▶ **Aplicar medidas correctoras inmediatas** si se detectan situaciones de riesgo evidente.

▶ **Interpretar los resultados con criterio práctico**, para adaptarlos a la operativa diaria del equipo.

3.2 SEGUIMIENTO Y REGISTRO DE ACCIONES PREVENTIVAS

Una vez implantadas las medidas de prevención, es imprescindible **realizar un seguimiento continuo** para comprobar su eficacia, garantizar su cumplimiento y asegurar la mejora constante de las condiciones laborales. Además, el **registro documental** de estas acciones es obligatorio y representa una fuente clave de información para auditorías internas, investigaciones de incidentes o revisiones técnicas.

El **mando intermedio**, por su posición operativa, desempeña un papel esencial en esta fase: verifica in situ la aplicación real de las medidas preventivas, detecta desviaciones, propone mejoras y facilita la retroalimentación hacia la dirección o el servicio de prevención.

Un sistema eficaz de seguimiento permite:

▼ Detectar fallos en la implantación de medidas.

▼ Valorar la adecuación de los procedimientos de trabajo.

▼ Registrar comportamientos inseguros o correctos.

▼ Cumplir con las obligaciones legales de documentación preventiva.

▼ Anticiparse a problemas antes de que se materialicen en accidentes.

3.2.1 Revisión e inspección de condiciones laborales

Las **inspecciones y revisiones periódicas** del entorno de trabajo son una herramienta fundamental para el mantenimiento preventivo. Estas inspecciones consisten en comprobar el estado real de los lugares, equipos, procesos y comportamientos, con el fin de **verificar el cumplimiento de las condiciones de seguridad** establecidas y detectar desviaciones.

Se distinguen los siguientes tipos de inspecciones:

▼ **Generales**: revisiones sistemáticas de todo el centro o área de trabajo.

▼ **Específicas**: centradas en elementos concretos (instalaciones eléctricas, almacenamiento de productos peligrosos, equipos de protección, etc.).

▼ **Regulares**: programadas con una frecuencia fija (mensual, trimestral…).

▼ **Puntuales**: motivadas por un cambio, una queja o una incidencia.

Por su parte, algunos aspectos clave a revisar son:

- Estado de orden y limpieza.
- Señalización y delimitación de zonas.
- Iluminación, ventilación y condiciones ambientales.
- Estado de máquinas, herramientas y equipos de protección.
- Cumplimiento de normas operativas y de seguridad.

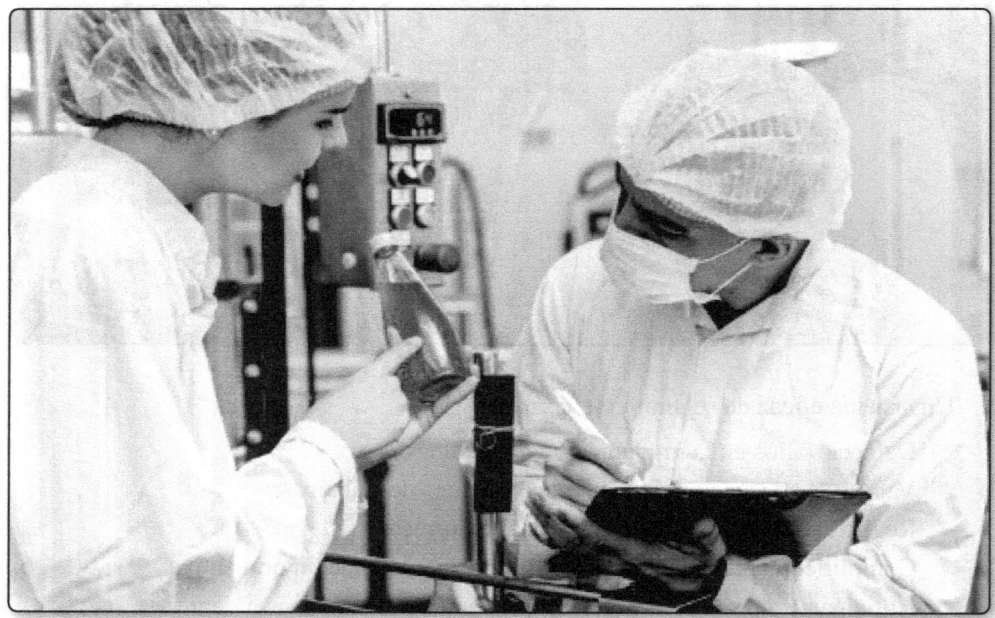

¿Cuál es aquí el papel del mando intermedio?

- Realizar inspecciones rutinarias en su área de responsabilidad.
- Usar listas de verificación para documentar los resultados.
- Comunicar cualquier anomalía detectada.
- Asegurar la corrección inmediata de deficiencias simples.
- Colaborar con el servicio de prevención en inspecciones conjuntas.

ⓘ Ejemplo

Durante una revisión diaria, un mando detecta que la tapa protectora de una sierra está bloqueada y no se puede mover. Ordena la parada del equipo y contacta con mantenimiento para su reparación antes de que vuelva a utilizarse.

3.2.2 Análisis de incidentes y daños

El **análisis de incidentes** —accidentes sin consecuencias materiales o humanas, pero que podrían haberlas tenido— y de **daños reales** constituye una herramienta clave para aprender de lo ocurrido y evitar su repetición. Cada incidente representa una oportunidad para mejorar la gestión preventiva.

Es importante conocer la siguiente diferencia clave:

⮞ **Incidente**: suceso no deseado que no causa daño, pero tiene potencial de hacerlo.

⮞ **Accidente**: suceso que genera daño a personas, instalaciones o procesos.

Entre los objetivos del análisis, se encuentran:

⮞ Identificar las causas inmediatas (acciones o condiciones peligrosas).

⮞ Detectar causas básicas o sistémicas (falta de formación, errores organizativos, mantenimiento inadecuado...).

⮞ Establecer medidas correctoras y preventivas.

⮞ Actualizar las evaluaciones de riesgos si fuera necesario.

⮞ Sensibilizar al equipo sobre la importancia del comportamiento seguro.

¿Cuáles son los métodos habituales?

⮞ **Entrevistas al personal implicado.**

⮞ **Recogida de evidencias fotográficas o testimoniales.**

⮞ **Revisión de procedimientos y condiciones del entorno.**

⮞ Técnicas como el **diagrama de causa-efecto (Ishikawa)** o los **5 porqués**, útiles para llegar a la raíz del problema.

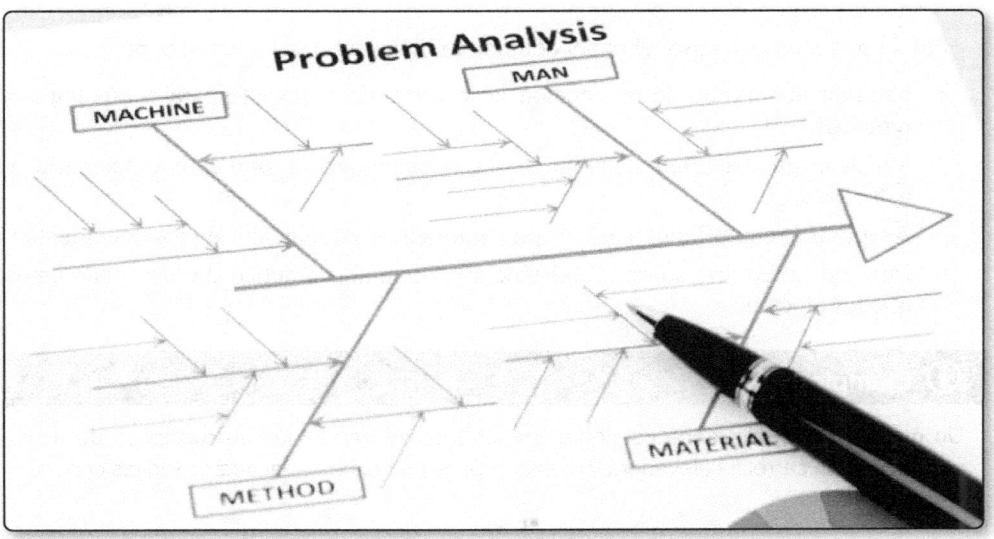

En este caso, ¿cuál es el papel del mando intermedio?

▶ Notificar inmediatamente cualquier accidente o incidente al nivel superior.

▶ Asegurar la atención adecuada y conservación del lugar.

▶ Participar en la investigación junto al servicio de prevención.

▶ Informar al equipo de lo ocurrido y de las medidas adoptadas.

▶ Aplicar y supervisar las medidas correctoras en su área.

Es importante recordar que la transparencia en el análisis de incidentes genera confianza y compromiso, mientras que ocultarlos impide el aprendizaje organizativo y aumenta el riesgo de accidentes graves.

3.2.3 Gestión documental en prevención

La **gestión documental preventiva** consiste en la organización, archivo y actualización de todos los documentos relacionados con la seguridad y salud en el trabajo. Esta documentación es obligatoria y constituye una **herramienta clave para el control, la trazabilidad y la mejora continua del sistema de prevención**.

Los principales documentos que deben mantenerse actualizados son los siguientes:

▶ Evaluaciones de riesgos.

▶ Planificación de la actividad preventiva.

▶ Registros de formación e información.

▶ Informes de accidentes, incidentes y enfermedades profesionales.

▶ Registros de entrega y mantenimiento de EPI.

▶ Actas de reuniones del comité de seguridad y salud.

▶ Protocolos de actuación y planes de emergencia.

▶ Comunicaciones al servicio de prevención y autoridades competentes.

Por su parte, en este caso, el papel del mando intermedio se caracteriza por:

▶ Facilitar al servicio de prevención la información relevante para completar los registros.

▶ Verificar que su área dispone de la documentación preventiva necesaria y actualizada.

▶ Asegurar el cumplimiento de los procedimientos establecidos en los documentos.

▶ Informar al equipo sobre la existencia y contenido práctico de los documentos que les afectan.

ⓘ **Ejemplo**

Un mando intermedio debe conservar en su área de trabajo las instrucciones de uso seguro de una carretilla elevadora y asegurarse de que el personal autorizado las conoce y aplica.

3.2.4 Auditorías internas del sistema preventivo

Las **auditorías internas** son evaluaciones sistemáticas del sistema de prevención que permiten comprobar su adecuación, eficacia y grado de cumplimiento con la normativa vigente. Aunque su ejecución corresponde generalmente a personal técnico o auditorías externas, los **mandos intermedios juegan un papel clave en la preparación y desarrollo de estas revisiones**.

Entre los objetivos de las auditorías internas, destacan:

- Evaluar el grado de integración de la prevención en los procesos.
- Detectar no conformidades, fallos o puntos débiles.
- Proponer acciones correctoras y de mejora.
- Preparar la empresa para auditorías externas o inspecciones de trabajo.

¿Qué aspectos que pueden ser auditados?

- Aplicación de las medidas de seguridad.
- Existencia y uso de documentación preventiva.
- Nivel de formación del personal.
- Cumplimiento de los procedimientos en situaciones reales.

En el caso de las auditorías internas del sistema preventivo, el papel del mando intermedio se caracteriza por las siguientes acciones:

▼ Facilitar el acceso del auditor a su área.

▼ Proporcionar registros, evidencias y explicaciones de procedimientos.

▼ Corregir las desviaciones detectadas y aplicar las mejoras sugeridas.

▼ Involucrar al equipo en el cumplimiento de las recomendaciones.

3.2.5 Cumplimiento normativo y aspectos legales

Toda actividad preventiva debe desarrollarse dentro del **marco legal establecido por la normativa vigente en materia de prevención de riesgos laborales**. Este cumplimiento no solo es una exigencia jurídica, sino también una garantía para la salud y seguridad de los trabajadores.

¿Cuáles con las normas básicas aplicables?

▼ **Ley 31/1995**, de Prevención de Riesgos Laborales.

▼ **Real Decreto 39/1997**, por el que se aprueba el Reglamento de los Servicios de Prevención.

▼ Reglamentos específicos según sector y riesgo (ruido, pantallas, agentes químicos, construcción, etc.).

Con respecto a las obligaciones de la empresa, se definen:

▼ Evaluar los riesgos y planificar la prevención.

▼ Proporcionar formación e información adecuadas.

▼ Garantizar la vigilancia de la salud.

▼ Adoptar medidas de emergencia.

▼ Documentar todas las actuaciones preventivas.

Por último, la responsabilidad del mando intermedio se caracteriza por lo siguiente:

▼ Velar por el **cumplimiento de las normas** en su área de trabajo.

▼ Aplicar las instrucciones del servicio de prevención.

▼ No permitir la ejecución de tareas sin condiciones seguras.

▼ Actuar ante riesgos inminentes, incluso deteniendo la actividad si es necesario.

▼ Conocer sus propias **responsabilidades legales**, ya que la jurisprudencia reconoce su obligación de diligencia.

ⓘ Ejemplo

Si un mando intermedio permite que un trabajador opere maquinaria sin formación específica y ocurre un accidente, puede asumir responsabilidad por omisión de control.

3.2.6 Formulación de propuestas para la mejora continua

La **mejora continua** es uno de los principios fundamentales de la prevención eficaz. Más allá del cumplimiento básico, el objetivo es avanzar progresivamente hacia condiciones de trabajo más seguras, saludables y productivas.

El **mando intermedio**, por su contacto diario con la realidad operativa, está en una posición ideal para **detectar oportunidades de mejora** y proponer soluciones adaptadas a las necesidades concretas del equipo.

Los tipos de propuestas que puede generar un mando intermedio son:

- ▶ Cambios en los procedimientos de trabajo para reducir riesgos.
- ▶ Reorganización de tareas o turnos para evitar la fatiga.
- ▶ Revisión del estado y ubicación de equipos de protección colectiva.
- ▶ Adaptación de formación según las necesidades detectadas.
- ▶ Nuevas señalizaciones o mejoras en la gestión visual de la seguridad.
- ▶ Iniciativas para fomentar la participación activa del personal.

ⓘ **Ejemplo**

Un mando propone sustituir el transporte manual de cargas por el uso de carros ergonómicos, tras detectar un aumento de lesiones lumbares en su equipo.

¿Cuáles son los métodos para canalizar estas propuestas?

- ▶ Comunicarlas directamente al servicio de prevención.
- ▶ Incluirlas en reuniones del comité de seguridad y salud.
- ▶ Incorporarlas a los informes periódicos de seguimiento preventivo.
- ▶ Promover buzones o dinámicas de participación del personal operativo.

3.3 DISEÑO DE PLANES DE ACTUACIÓN ANTE EMERGENCIAS

Toda organización está expuesta a situaciones de **emergencia**, que pueden ir desde incendios y explosiones hasta fugas de sustancias peligrosas, fallos eléctricos, fenómenos naturales o accidentes con múltiples víctimas. La manera en que se gestionen estos eventos puede marcar la diferencia entre un incidente controlado y una catástrofe con consecuencias graves para las personas, el entorno y la continuidad del negocio.

El **plan de emergencia** es el documento que recoge el conjunto de medidas organizativas y técnicas destinadas a **prevenir y responder eficazmente** ante estos escenarios. Su correcta elaboración, implantación y revisión es un requisito legal, pero sobre todo una necesidad operativa y humana.

Los **mandos intermedios** tienen un rol especialmente importante, ya que son responsables de **coordinar al personal en caso de emergencia**, actuar como enlace con los servicios externos y garantizar que los procedimientos se apliquen correctamente en sus áreas.

3.3.1 Componentes esenciales de un plan de emergencia

Un plan de emergencia debe estructurarse de forma clara, operativa y adaptada a las características específicas del centro de trabajo. Aunque puede variar según el tamaño y tipo de empresa, existen ciertos **componentes esenciales** que deben estar presentes en cualquier plan:

Identificación de riesgos y escenarios de emergencia

Incluye el análisis previo de los posibles eventos peligrosos que podrían requerir una actuación inmediata. Por ejemplo:

- Incendios.
- Explosiones.
- Derrames químicos.
- Inundaciones.
- Caídas estructurales.
- Accidentes con víctimas múltiples.

Este análisis se basa en la **evaluación de riesgos** y sirve de base para definir los procedimientos concretos.

Organización de la emergencia

Establece el **organigrama de respuesta ante emergencias**, es decir, quién hace qué en cada situación.

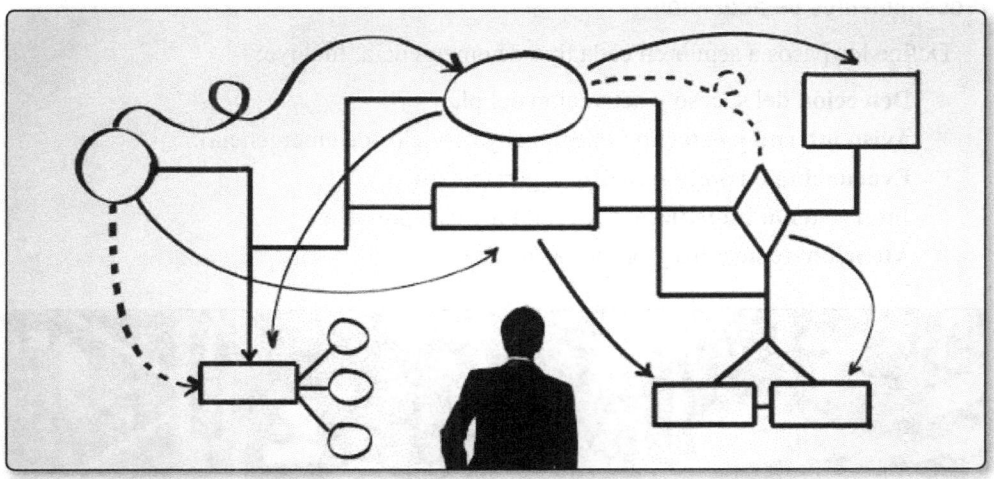

Incluye:

- ▶ **Jefe/a de emergencia**.
- ▶ **Coordinadores/as de evacuación**.
- ▶ **Responsables de primeros auxilios**.
- ▶ **Equipos de intervención (si procede)**.
- ▶ Sustitutos en caso de ausencia.

El mando intermedio suele asumir el rol de **coordinador/a de emergencia** en su área, organizando al personal y asegurando la evacuación ordenada.

Medios materiales disponibles

Detalla los **recursos técnicos** con los que cuenta la empresa para afrontar una emergencia:

- ▶ Extintores, BIEs, detectores de humo o gas.
- ▶ Botiquines de primeros auxilios.
- ▶ Equipos de comunicación (megafonía, radios).
- ▶ Señalización y alumbrado de emergencia.
- ▶ Equipos de protección específicos.

(i) **Recuerda**

Es imprescindible que estos medios estén correctamente mantenidos, señalizados y accesibles, y que el personal sepa utilizarlos si corresponde.

Procedimientos de actuación

Define los pasos a seguir en cada tipo de emergencia. Incluye:

▼ **Detección** del suceso y activación del plan.

▼ **Aviso interno y externo** (a personal y servicios de emergencia).

▼ **Evacuación o confinamiento**, según el caso.

▼ **Intervención inmediata**, si es segura y está prevista.

▼ **Atención de heridos** y primeros auxilios.

Planos e información visual

Se deben incluir **planos actualizados** del edificio o zona, que indiquen:

▼ Vías de evacuación.

▼ Salidas de emergencia.

▼ Ubicación de equipos de lucha contra incendios.

▼ Zonas de concentración.

Simulacros y formación

El plan debe prever la realización periódica de **simulacros de emergencia** y acciones formativas, para garantizar que todo el personal conoce sus funciones y cómo actuar en caso real.

El papel del mando intermedio en simulacros consiste en:

- Asegurar que su equipo **conoce los procedimientos de emergencia** y participa en simulacros.

- **Detectar fallos** durante los simulacros y proponer mejoras.

- Liderar la evacuación en su área si se activa el plan.

3.3.2 Procedimientos de evacuación en situaciones críticas

La **evacuación** es una de las respuestas más frecuentes en los planes de emergencia, especialmente ante incendios, fugas o amenazas estructurales. El objetivo es **sacar rápidamente a todas las personas del lugar de peligro**, sin causar pánico y evitando accidentes secundarios.

Un procedimiento de evacuación debe estar cuidadosamente **planificado, ensayado y coordinado**. Para que sea efectivo, debe contemplar:

Activación de la alarma

El proceso de evacuación comienza con la **detección del peligro** y el disparo de la señal de alarma.

Esta debe ser:

- **Audible y visible** en todas las áreas.
- Fácilmente identificable como señal de evacuación.
- Complementada por instrucciones claras, si es posible.

Actuación del personal designado

Al sonar la alarma, cada persona debe asumir su rol:

▸ Los **coordinadores de evacuación** (como los mandos intermedios) guían al personal hacia las salidas.

▸ El **jefe de emergencia** evalúa si se requiere intervención inmediata.

▸ Los **equipos de primeros auxilios** atienden a quien lo necesite.

Evacuación ordenada del personal

La evacuación debe realizarse:

▸ **Por las rutas señalizadas y despejadas**.

▸ **Sin correr, gritar ni retroceder**.

▸ Ayudando a personas con discapacidad o movilidad reducida.

▸ En dirección a los **puntos de reunión** establecidos.

ⓘ Ejemplo

En caso de incendio en una nave industrial, el mando intermedio coordina la salida de su equipo por la salida de emergencia lateral y verifica que nadie queda atrás.

Comprobación del personal evacuado

En el punto de concentración, se debe hacer **recuento de personas**, para verificar si todos han salido. El mando intermedio debe:

▸ **Comprobar su grupo** asignado.

▸ Informar de ausencias al jefe de emergencia.

▸ Evitar el retorno a las instalaciones hasta nueva orden.

Comunicación con servicios externos

El plan debe contemplar cómo facilitar el acceso y la actuación de los **servicios de emergencia** (bomberos, sanitarios, policía), incluyendo:

▸ Información sobre el edificio.

▸ Tipos de materiales peligrosos presentes.

▸ Número de personas en el centro.

ⓘ Nota

Una evacuación segura depende en gran medida del entrenamiento previo. La participación activa del mando intermedio en simulacros y formación práctica es esencial para una respuesta eficaz.

3.3.3 Coordinación del personal durante una emergencia

Durante una emergencia, el tiempo de reacción es limitado y los riesgos se multiplican. En estos momentos críticos, una **coordinación eficaz del personal** resulta determinante para minimizar los daños personales y materiales. Esta coordinación debe estar definida previamente en el plan de emergencia y ensayada a través de **simulacros periódicos**, ya que en situaciones reales los nervios y la incertidumbre pueden dificultar la actuación.

El **mando intermedio**, por su posición jerárquica y su cercanía con el equipo operativo, es una de las figuras clave para garantizar una **evacuación ordenada, segura y eficiente**. Su rol consiste en asumir el liderazgo, mantener la calma, dar instrucciones claras y asegurar que todos los miembros de su grupo cumplan con los protocolos establecidos.

¿Cuáles son las funciones del mando intermedio durante una emergencia?

1. **Dar la voz de alarma** si detecta el inicio de una situación crítica.

2. **Activar el plan de emergencia** según los procedimientos establecidos.

3. **Ejercer el liderazgo** dentro de su equipo, evitando situaciones de pánico.

4. **Verificar que todos los trabajadores** han cesado su actividad y se dirigen a la salida correspondiente.

5. **Ayudar o designar ayuda a personas con movilidad reducida** o que presenten dificultades.

6. **Dirigir la evacuación por las rutas seguras**, asegurándose de que no haya bloqueos ni retrocesos.
7. **Realizar el recuento** del personal en el punto de concentración asignado.
8. **Comunicar cualquier incidencia o ausencia** al jefe de emergencia o a los servicios externos.

Además, es importante considerar siempre algunas recomendaciones para una coordinación eficaz, entre ellas:

- **Mantener la calma** y mostrar seguridad en las indicaciones.
- Utilizar un **lenguaje claro y breve**: en emergencias no hay lugar para ambigüedades.
- Reforzar previamente los roles de cada miembro del equipo durante la formación o los simulacros.
- Asegurar que el equipo conoce las **vías de evacuación y puntos de reunión**.
- Evitar la improvisación: todo debe ceñirse al plan previamente establecido.

ⓘ Ejemplo

En caso de fuga de gas, el mando intermedio interrumpe las tareas de su equipo, ordena la evacuación por la salida contraria a la zona afectada, ayuda a una persona desorientada y realiza el recuento al llegar al punto de reunión, informando al jefe de emergencia de una ausencia.

3.3.4 Marco legal aplicable a planes de emergencia

El diseño, implantación y mantenimiento de los planes de emergencia está regulado por distintas **normas legales**, tanto de carácter general como específico, dependiendo del tipo de actividad y del número de trabajadores.

Estas normas establecen **la obligatoriedad de prever y organizar medidas de emergencia** que garanticen la evacuación rápida y segura, la atención inmediata a los afectados y la coordinación con los servicios externos de ayuda.

Entre las principales referencias normativas destacan:

1. **Ley 31/1995, de Prevención de Riesgos Laborales**
    - Artículo 20: establece que el empresario debe analizar las posibles situaciones de emergencia y adoptar las medidas necesarias en materia de primeros auxilios, lucha contra incendios y evacuación.

- Estas medidas deben ser **actualizadas y ensayadas periódicamente**, con participación de todo el personal.

2. **Real Decreto 39/1997, Reglamento de los Servicios de Prevención**

   - Refuerza la obligación de planificar la actividad preventiva, incluyendo la previsión de **actuaciones en caso de emergencia**.

   - Establece la necesidad de **designar al personal encargado de las actuaciones** y dotarlo de la formación adecuada.

3. **Normativa sectorial o específica**

   - Algunos sectores, como la industria química, la construcción o el transporte, tienen reglamentos específicos sobre emergencias (p. ej., **RD 393/2007**. Planes de Autoprotección).

   - La legislación sobre instalaciones industriales, protección contra incendios y seguridad en edificios también puede establecer **requisitos técnicos y organizativos** adicionales.

En este sentido, las obligaciones del empresario son las siguientes:

- Elaborar e implantar un **plan de emergencia adaptado al centro de trabajo**.
- Designar personal responsable de su aplicación.
- Proporcionar la **formación necesaria** a los trabajadores.
- **Realizar simulacros** periódicos y documentarlos.
- Revisar el plan ante **cambios en la organización, instalaciones o procesos**.

Por último, aunque no es el redactor del plan, el mando intermedio debe:

- Conocer con detalle su contenido y su papel asignado.
- Asegurar su correcta aplicación en su área.
- Participar en la **formación, simulacros y actualizaciones** del plan.
- Comunicar cualquier deficiencia o sugerencia de mejora.
- Responder adecuadamente ante las emergencias, dentro del marco legal.

El incumplimiento de las obligaciones legales en materia de emergencia puede acarrear **responsabilidad administrativa, civil o penal**, especialmente si hay daños a las personas. La implicación activa del mando intermedio es, por tanto, una garantía jurídica para la organización.

4

IDENTIFICACIÓN DE LOS RIESGOS LABORALES

La **identificación de los riesgos laborales** es uno de los pilares fundamentales de toda estrategia preventiva. Antes de aplicar cualquier medida de seguridad, es imprescindible reconocer, analizar y valorar los factores que pueden dar lugar a un daño para la salud de los trabajadores. Esta tarea debe realizarse de forma sistemática, objetiva y adaptada a cada entorno productivo.

En este capítulo se abordan los conceptos esenciales para comprender qué se considera un riesgo laboral y cómo se diferencia de otros términos relacionados. Además, se analizarán los distintos tipos de accidentes y enfermedades profesionales, así como los métodos de localización de riesgos según el entorno físico y organizativo. Se estudiarán también los principales **riesgos específicos**, clasificados por su naturaleza (eléctrica, química, ergonómica, etc.) y por el tipo de actividad que los genera.

La correcta identificación de los riesgos es la **base sobre la que se sustenta la prevención eficaz**: sin ella, no puede existir una planificación realista ni una protección adecuada.

4.1 CONCEPTOS BÁSICOS

Comprender los **conceptos fundamentales** relacionados con la prevención de riesgos laborales es un paso previo indispensable para poder analizar con precisión los peligros presentes en cualquier entorno de trabajo. La terminología empleada en este ámbito, aunque puede parecer sencilla, conlleva significados técnicos que deben manejarse correctamente para evitar confusiones y errores en la gestión preventiva.

Este epígrafe establece las definiciones clave necesarias para avanzar con rigor en la identificación y evaluación de riesgos. A través de estos conceptos, se sientan las bases para distinguir entre situaciones potencialmente peligrosas, valorar su impacto, y establecer criterios que permitan priorizar la intervención preventiva de manera objetiva y fundamentada.

4.1.1 Diferencia entre peligro y riesgo

En el ámbito de la **prevención de riesgos laborales**, es esencial comprender con precisión la diferencia entre los conceptos de **peligro** y **riesgo**, ya que su correcta interpretación permite identificar, evaluar y controlar adecuadamente las condiciones que pueden afectar a la seguridad y salud de los trabajadores.

Aunque en el lenguaje cotidiano ambos términos se utilizan con frecuencia como sinónimos, en prevención tienen significados distintos y específicos.

¿Qué es un peligro?

Un **peligro** es cualquier fuente, situación o acto con potencial de causar un daño a la salud o integridad física del trabajador. Es, por tanto, un elemento **latente**, que en sí mismo no produce necesariamente un accidente o enfermedad, pero **tiene la capacidad de originarlo**.

ⓘ **Definición**

Peligro: propiedad o capacidad intrínseca de una sustancia, proceso, equipo o situación con potencial de causar daño.

Algunos ejemplos de peligro son los siguientes:

- La presencia de una **máquina con partes móviles sin protección**.
- Un **producto químico corrosivo** almacenado en un recipiente mal etiquetado.
- Trabajar a **más de dos metros de altura** sin protecciones colectivas.
- Un **cable eléctrico pelado** expuesto al paso de personas.

¿Qué es un riesgo?

Un **riesgo** es la **probabilidad de que un peligro cause un daño** en unas condiciones determinadas. Por tanto, el riesgo no solo considera la existencia del peligro, sino también:

- La **exposición** de los trabajadores a ese peligro.
- La **probabilidad de que ocurra un accidente** o daño.
- La **gravedad del daño potencial**.

ⓘ **Definición**

Riesgo: la posibilidad de que un trabajador sufra un daño derivado de la exposición a un peligro.

Por su parte, algunos ejemplos de riesgo son:

▼ Existe **riesgo de atrapamiento** si un trabajador utiliza una máquina sin resguardos móviles y no ha recibido formación adecuada.

▼ Hay **riesgo químico** cuando un operario manipula sustancias tóxicas sin ventilación ni equipos de protección individual.

▼ Se genera un **riesgo eléctrico** si se trabaja cerca de instalaciones defectuosas o sin corte de corriente.

Concepto	Definición	Implicación preventiva
Peligro	Fuente potencial de daño.	Debe ser **identificado y eliminado o controlado**.
Riesgo	Posibilidad de que el peligro cause daño, según la exposición y contexto.	Debe ser **evaluado y valorado**, aplicando medidas para reducir su probabilidad o consecuencias.

ⓘ Ejemplo

Un bidón de ácido sulfúrico en un almacén es un peligro. Si está correctamente cerrado, etiquetado y almacenado, el riesgo es bajo. Si se abre sin protección o se vuelca por mal almacenamiento, e riesgo aumenta significativamente.

Por ejemplo, operar sin EPIs una sierra de corte, como muestra la siguiente imagen, expone al trabajador a un alto riesgo de accidente grave, como cortes o amputaciones. Este tipo de tarea debe realizarse siempre con los equipos de protección individual adecuados, como guantes anticorte, gafas de seguridad y resguardos protectores.

Podría decirse que **todo riesgo parte de un peligro**, pero no todos los peligros conllevan automáticamente un riesgo alto. La existencia de un riesgo depende de las condiciones en las que se presenta ese peligro y del nivel de exposición que tengan los trabajadores.

Por ello, una **buena gestión preventiva** debe:

1. **Identificar los peligros existentes** en cada puesto de trabajo.

2. **Evaluar los riesgos** asociados a esos peligros (probabilidad y severidad del daño).

3. **Establecer medidas preventivas o correctoras** para eliminar el peligro o reducir el riesgo a niveles aceptables.

(i) Importante

El objetivo no es únicamente identificar los peligros, sino analizar el contexto en el que se dan y actuar sobre los factores que convierten ese peligro en un riesgo real.

Distinguir correctamente entre **peligro** y **riesgo** es el primer paso para una **prevención eficaz**. Mientras que el peligro es una condición o elemento con capacidad de causar daño, el riesgo es la probabilidad real de que ese daño ocurra. La prevención moderna no solo identifica peligros, sino que **evalúa, mide y actúa sobre los riesgos**, buscando garantizar entornos de trabajo seguros y saludables.

4.1.2 Evaluación y valoración del riesgo

La **evaluación y valoración del riesgo** son procesos fundamentales dentro de la gestión preventiva. Su objetivo es determinar qué riesgos están presentes en el entorno laboral, con qué probabilidad pueden materializarse y qué consecuencias podrían tener para la salud y seguridad de los trabajadores. A partir de este análisis, es posible priorizar y planificar las medidas preventivas más adecuadas.

Este procedimiento debe ser **sistemático, documentado y actualizado periódicamente**, especialmente cuando se producen cambios en los procesos, instalaciones, tecnologías o condiciones organizativas de la empresa.

Evaluación de riesgos

La **evaluación de riesgos laborales** es el proceso mediante el cual se identifica y analiza la probabilidad y severidad de los daños que pueden derivarse de los peligros presentes en el entorno de trabajo.

Según el RD 39/1997, la evaluación de riesgos es el proceso dirigido a estimar la magnitud de aquellos riesgos que no se hayan podido evitar, obteniendo la información necesaria para que el empresario esté en condiciones de tomar una decisión apropiada sobre la necesidad de adoptar medidas preventivas.

Las fases de la evaluación de riesgos son las siguientes:

1. **Identificación de peligros**: consiste en detectar todas las fuentes con capacidad potencial de causar daño, considerando:

   - Procesos de trabajo.
   - Equipos y herramientas utilizados.
   - Sustancias y agentes físicos, químicos o biológicos.
   - Factores organizativos y psicosociales.

2. **Determinación de los trabajadores expuestos**: se analizan los puestos y personas que pueden verse afectadas, considerando factores como:

   - Tiempo de exposición.
   - Frecuencia de la tarea.
   - Vulnerabilidad (trabajadores especialmente sensibles).

3. **Valoración del riesgo**: se evalúa el **nivel de riesgo** mediante el análisis conjunto de:

   - La **probabilidad** de que ocurra el daño.
   - La **gravedad** de las consecuencias si el daño se produce.

4. **Propuesta de medidas preventivas**: una vez conocidos los niveles de riesgo, se deben establecer medidas para:

- Eliminar el riesgo si es posible.
- Reducir su probabilidad o su gravedad.
- Controlarlo mediante técnicas de prevención y protección.

ⓘ Ejemplo

Si se detecta un riesgo de caída desde altura en una zona de trabajo elevada sin protección, se deberá instalar barandillas, líneas de vida o utilizar sistemas anticaídas. Además, se formará al personal y se señalizará el área de forma visible.

Valoración del riesgo

La **valoración del riesgo** es la etapa del proceso en la que se **calcula o estima la magnitud del riesgo**, para poder clasificarlo como aceptable, moderado, grave o muy grave. Esto permite **priorizar** las medidas de intervención.

Los criterios habituales de valoración son:

- **Probabilidad** (baja, media, alta).
- **Consecuencia o gravedad del daño** (leve, grave, muy grave).
- **Nivel de exposición** (frecuencia, duración, número de trabajadores afectados).

ⓘ Nota

Existen matrices y herramientas específicas que ayudan a representar gráficamente esta relación entre probabilidad y gravedad, facilitando la toma de decisiones.

Algunas herramientas comunes para la valoración de riesgos son:

- **Matrices de riesgo**: combinan probabilidad y gravedad para establecer un nivel de riesgo (bajo, moderado, alto, muy alto).
- **Índices semicuantitativos**: asignan valores numéricos para calcular un índice global de riesgo.
- **Checklists o listas de verificación**: útiles en evaluaciones iniciales o de rutina.
- **Métodos específicos**: adaptados a sectores concretos (INSHT, NTPs, OHSAS, etc.).

Un **ejemplo de matriz de riesgo** podría ser así:

	Consecuencia leve	Consecuencia grave	Consecuencia muy grave
Probabilidad baja	Riesgo bajo	Riesgo moderado	Riesgo significativo
Probabilidad media	Riesgo moderado	Riesgo significativo	Riesgo alto
Probabilidad alta	Riesgo significativo	Riesgo alto	Riesgo muy alto

La evaluación de riesgos no es un documento estático. Debe **revisarse y actualizarse** en casos como:

▼ Introducción de nuevos equipos, procesos o sustancias.

▼ Cambios en la organización del trabajo.

▼ Aparición de nuevos riesgos.

▼ Accidentes, incidentes o enfermedades profesionales.

▼ Resultados de auditorías o inspecciones.

(i) **Importante**

La evaluación debe estar documentada y disponible para consulta de los trabajadores, los delegados de prevención, los servicios de prevención y la Inspección de Trabajo.

4.2 ACCIDENTES DE TRABAJO Y ENFERMEDADES PROFESIONALES

Uno de los objetivos fundamentales de la prevención de riesgos laborales es **evitar que los trabajadores sufran daños derivados de su actividad laboral**. Estos daños pueden materializarse en forma de **accidentes de trabajo** o **enfermedades profesionales**, cuyas consecuencias pueden ir desde leves lesiones hasta incapacidades permanentes o incluso la muerte.

La legislación laboral española contempla definiciones precisas para ambos conceptos, lo que permite establecer **criterios objetivos** para su identificación, notificación y gestión. Conocer estas definiciones es clave para activar los procedimientos de investigación, compensación e implementación de medidas correctoras.

4.2.1 Definiciones legales y ejemplos

Accidente de trabajo

Según el artículo 156 del **Texto Refundido de la Ley General de la Seguridad Social (TRLGSS)**, se considera **accidente de trabajo**:

"Toda lesión corporal que el trabajador sufra con ocasión o por consecuencia del trabajo que ejecute por cuenta ajena".

Esta definición implica que el daño debe tener una **relación directa con el trabajo realizado**, ya sea en el lugar habitual o en otras situaciones vinculadas a la actividad laboral.

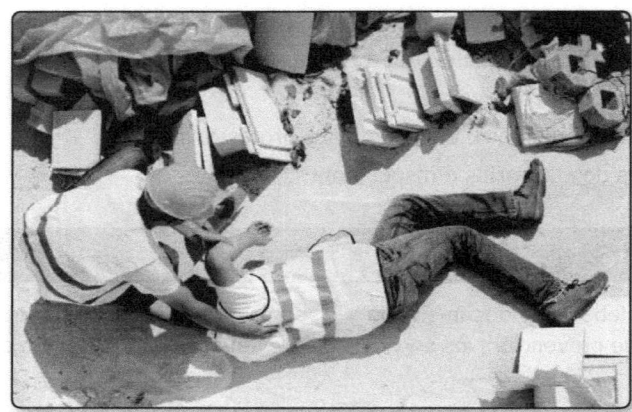

¿Cuáles son los supuestos incluidos?

▶ Accidente en el lugar de trabajo y durante la jornada laboral.

▶ Accidente "in itinere": el que se produce **al ir o volver del trabajo**.

▶ Accidentes durante la realización de tareas distintas a las habituales, si se hacen por orden del empresario o de forma voluntaria en beneficio de la empresa.

▶ Accidente durante actividades sindicales o de representación de los trabajadores.

▶ Agravación de una enfermedad previa como consecuencia del trabajo.

▶ Accidentes en actos de salvamento relacionados con el trabajo.

ⓘ **Ejemplo**

Un trabajador sufre un esguince al tropezar con un cable suelto en su oficina. Es un accidente de trabajo, ya que ocurre en el lugar y tiempo de trabajo, y como consecuencia directa de una condición insegura.

¿Cuáles son los supuestos excluidos (no considerados accidentes de trabajo)?

 Lesiones que no guarden relación con el trabajo.

 Accidentes provocados intencionadamente por el trabajador.

 Accidentes derivados de fuerza mayor ajena al trabajo (por ejemplo, un rayo en un día despejado).

ⓘ Nota

La relación causal entre el trabajo y la lesión debe ser clara y demostrable. En caso de duda, las mutuas colaboradoras con la Seguridad Social y los tribunales pueden intervenir para calificar el caso.

Enfermedad profesional

La **enfermedad profesional** está definida en el artículo 157 del TRLGSS como:

"La contraída a consecuencia del trabajo ejecutado por cuenta ajena en las actividades que se especifiquen en el cuadro de enfermedades profesionales aprobado por las disposiciones reglamentarias, y que esté provocada por la acción de los elementos o sustancias indicados para cada enfermedad".

En otras palabras, para que una enfermedad se considere profesional, debe cumplir dos condiciones:

1. Que el **trabajador esté expuesto** a un agente causante de enfermedad reconocido (físico, químico, biológico).

2. Que la enfermedad esté recogida en el **Cuadro de Enfermedades Profesionales** vigente (RD 1299/2006).

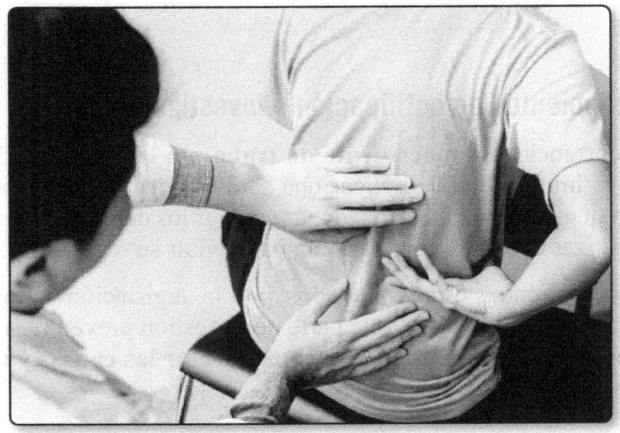

Los principales grupos de enfermedades profesionales son:

1. Por agentes químicos (plomo, disolventes, sílice…).

2. Por agentes físicos (ruido, vibraciones, posturas forzadas…).

3. Por agentes biológicos (virus, bacterias… en sectores sanitarios, agrícolas…).

4. Por inhalación de sustancias y agentes no incluidos en otros apartados (polvo de harina, algodón, etc.).

5. Enfermedades cutáneas por agentes externos.

6. Enfermedades causadas por agentes cancerígenos (amianto, benceno…).

ⓘ Ejemplo

Un trabajador de la construcción desarrolla silicosis tras años de exposición al polvo de sílice sin protección respiratoria adecuada. Esta enfermedad está reconocida como profesional según el cuadro legal.

Característica	Accidente de trabajo	Enfermedad profesional
Naturaleza	Suceso **repentino y concreto**	**Proceso prolongado** y generalmente progresivo
Relación con el trabajo	Directa e inmediata	Requiere **exposición continua a agentes nocivos**
Ejemplo	Caída desde una escalera	Dermatitis por exposición continuada a disolventes
Prueba de vinculación laboral	Más directa y evidente	Requiere justificación técnica (evaluación médica y documental)

4.2.2 Procedimientos de notificación e investigación

Ante la ocurrencia de un **accidente de trabajo** o la detección de una **enfermedad profesional**, es imprescindible aplicar una serie de **procedimientos de notificación e investigación** que permitan, por un lado, garantizar los derechos del trabajador afectado, y por otro, analizar el origen del problema para evitar su repetición.

Estos procedimientos están regulados por la legislación laboral y de seguridad social, y su correcta aplicación forma parte de la gestión preventiva de toda empresa. Su finalidad principal es **documentar el hecho, detectar las causas y establecer medidas correctoras y preventivas**.

Notificación de accidentes de trabajo

Los accidentes laborales deben ser **comunicados y documentados oficialmente**. Existen diferentes niveles de notificación, en función de la gravedad del accidente:

1. **Comunicación al empresario:**

   Cualquier trabajador que sufra un accidente, por leve que sea, debe **notificarlo inmediatamente** al empresario o responsable designado. Esta notificación inicial activa el protocolo de actuación interna.

> ### ⓘ Ejemplo
>
> Un corte superficial con una herramienta debe comunicarse incluso si no requiere baja médica, ya que puede indicar una deficiencia en los procedimientos o en el uso de EPI.

2. **Parte de accidente a la Seguridad Social:**

   La empresa debe emitir el **parte de accidente de trabajo** utilizando el sistema **DELTA (Declaración Electrónica de Accidentes de Trabajo)** cuando:

   - El accidente genera **baja médica** del trabajador.
   - Ocurre un **accidente grave o muy grave**, con o sin baja.
   - Existe un **accidente mortal**.
   - Se trata de un **accidente múltiple** (afecta a 4 o más trabajadores).

   ¿Cuáles son los plazos?

   - En caso de baja médica: el parte debe emitirse **en un máximo de 5 días hábiles** desde la fecha de baja.
   - En accidentes graves, muy graves o mortales: debe realizarse una **comunicación urgente** a la autoridad laboral **en un plazo máximo de 24 horas**.

3. **Registro interno:**

   Todas las empresas están obligadas a mantener un **registro actualizado de los accidentes sin baja**, donde se reflejen datos del trabajador, el hecho ocurrido, la fecha y las consecuencias, aunque no se haya requerido baja médica.

Notificación de enfermedades profesionales

Las **enfermedades profesionales** deben notificarse mediante un parte médico específico que se tramita a través del **Instituto Nacional de la Seguridad Social (INSS)** o de la **mutua colaboradora**, cuando se reconozca la relación entre la enfermedad y el trabajo realizado.

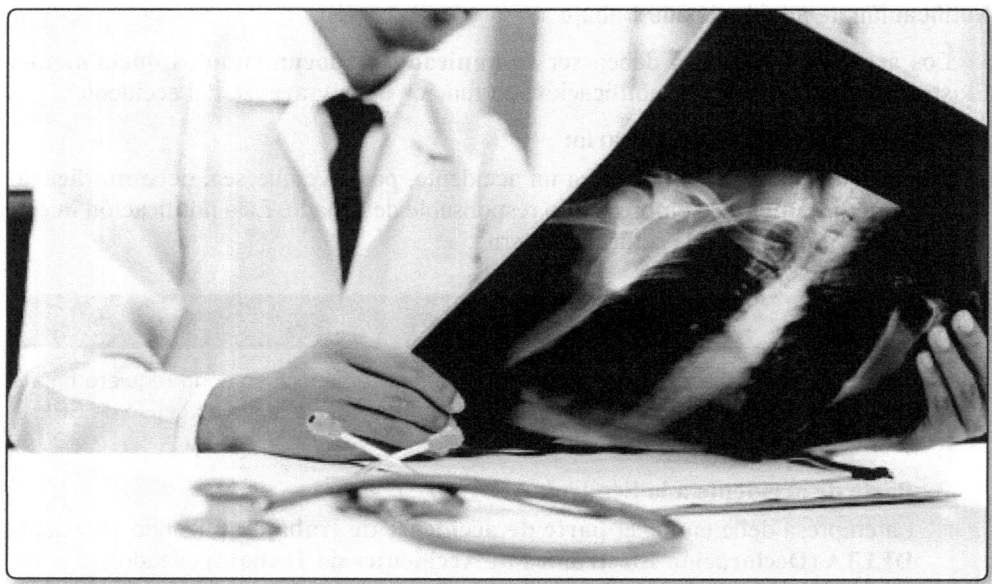

El procedimiento es el siguiente:

1. El **médico del servicio de prevención** o de la mutua detecta la posible enfermedad profesional.

2. Se emite el **parte de enfermedad profesional**, que se comunica al INSS.

3. La empresa debe colaborar en la aportación de información sobre el puesto, productos utilizados, evaluación de riesgos y medidas preventivas existentes.

Investigación de accidentes y enfermedades profesionales

Más allá de la notificación formal, toda empresa tiene la obligación de **investigar los accidentes de trabajo y enfermedades profesionales**, con el objetivo de:

▶ Determinar **las causas que los originaron**.

▶ Evaluar si existían medidas preventivas suficientes.

▶ Establecer medidas correctoras o de mejora.

¿Quién debe realizar la investigación?

▶ Técnicos del **servicio de prevención propio o ajeno**.

▶ Con la participación de los **delegados de prevención**.

▶ Bajo la supervisión del empresario o responsable de seguridad.

Con respecto a la **metodología de investigación,** se pueden emplear métodos estructurados, como:

▸ **Método del árbol de causas**: descompone el accidente en una secuencia lógica de hechos que llevan a su ocurrencia.

▸ **Método de los 5 porqués**: identifica la causa raíz haciendo preguntas sucesivas del tipo "¿por qué ocurrió esto?"

▸ **Análisis causa-efecto**: se analizan relaciones entre condiciones, actos inseguros y consecuencias.

La investigación debe concluir con un **informe documentado** que incluya:

▸ Descripción del suceso.
▸ Lugar, fecha y hora.
▸ Datos del trabajador afectado.
▸ Análisis de causas (inmediatas y subyacentes).
▸ Medidas correctoras propuestas.
▸ Plazos y responsables de su implantación.

Comunicación a la Inspección de Trabajo

En casos graves, muy graves, mortales o cuando existan indicios de **negligencia grave o incumplimiento normativo**, la **Inspección de Trabajo y Seguridad Social** puede intervenir de oficio o a requerimiento.

La empresa debe **colaborar con la Inspección** proporcionando todos los datos del accidente o enfermedad, facilitando el acceso a la documentación preventiva y permitiendo entrevistas con trabajadores o responsables.

4.3 LOCALIZACIÓN DE RIESGOS SEGÚN EL ENTORNO DE TRABAJO

El entorno laboral es un sistema complejo donde confluyen múltiples variables que pueden generar riesgos para la seguridad y salud de los trabajadores. Por ello, la **localización de riesgos** no debe limitarse al análisis de condiciones físicas, sino que debe considerar todos los elementos presentes en la organización, los espacios de trabajo y las herramientas utilizadas.

En este apartado se examinan los principales **factores del entorno laboral** que pueden dar origen a riesgos, agrupándolos en tres grandes categorías: **factores organizativos, materiales y ambientales, y factores relacionados con el diseño del puesto de trabajo**. Esta clasificación permite realizar una evaluación más exhaustiva y específica de los riesgos, y facilita la planificación de medidas preventivas adaptadas a la realidad de cada empresa.

4.3.1 Factores organizativos

Los **factores organizativos** hacen referencia a la **estructura, planificación y gestión del trabajo** dentro de la empresa. Aunque no son visibles como una máquina o una sustancia peligrosa, tienen un impacto directo en la seguridad y salud laboral. Una mala organización puede dar lugar a **accidentes, fatiga, estrés, errores operativos y otras consecuencias negativas**, incluso en entornos técnicamente seguros.

¿Cuáles son los principales factores organizativos de riesgo?

a) **Carga de trabajo excesiva o mal distribuida:**

Una planificación inadecuada de los recursos humanos y materiales puede provocar:

- Exceso de tareas o plazos imposibles de cumplir.
- Jornadas laborales prolongadas sin descansos adecuados.
- Acumulación de funciones en un mismo trabajador.

ⓘ Ejemplo

Un operario obligado a mantener el ritmo de dos líneas de producción por falta de personal puede sufrir agotamiento físico y mental, aumentando el riesgo de accidentes.

b) **Turnos y horarios inadecuados:**

El trabajo nocturno, los turnos rotativos o la ausencia de descansos entre jornadas pueden afectar al bienestar del trabajador y generar riesgos como:

- Fatiga crónica.
- Disminución de la capacidad de reacción.
- Trastornos del sueño y estrés.

ⓘ **Importante**

La normativa laboral establece límites y condiciones para el trabajo a turnos, y se deben aplicar medidas preventivas específicas para estos colectivos.

c) **Falta de formación y cualificación:**

Trabajadores sin la formación adecuada para las tareas asignadas son más propensos a cometer errores que deriven en accidentes o daños a la salud. Esto incluye:

- Desconocimiento de los riesgos del puesto.
- Uso incorrecto de equipos o productos peligrosos.
- Incapacidad para aplicar protocolos de emergencia.

ⓘ **Ejemplo**

Un trabajador sin formación en el manejo de carretillas elevadoras puede causar accidentes por ma uso, incluso si las instalaciones están correctamente señalizadas.

d) **Inadecuada asignación de tareas:**

Asignar funciones a personas no capacitadas o sin considerar sus condiciones físicas o psicológicas puede generar riesgos. Esto incluye:

- Cargar peso excesivo sin valorar la capacidad del trabajador.
- Asignar tareas peligrosas a personal no preparado.
- Ignorar limitaciones por edad, salud o embarazo.

e) **Falta de comunicación interna:**

La inexistencia de canales claros de comunicación entre trabajadores, mandos intermedios y responsables puede originar:

- Descoordinación entre equipos.
- Incumplimiento de protocolos de seguridad.
- Falta de respuesta ante situaciones de emergencia.

f) **Ambiente psicosocial negativo:**

Factores como el acoso laboral, la presión excesiva, la ambigüedad de roles o la ausencia de apoyo por parte de los superiores pueden generar riesgos **psicosociales** con impacto directo en la salud:

- Estrés laboral crónico.
- Trastornos de ansiedad o depresión.
- Baja motivación y aumento del absentismo.

Nota

Los riesgos psicosociales deben incluirse en la evaluación de riesgos laborales como parte del análisis organizativo, aunque no sean visibles físicamente.

g) **Ausencia de procedimientos normalizados:**

La falta de instrucciones claras, protocolos de trabajo y procedimientos documentados puede generar:

- Discrecionalidad en la ejecución de tareas.
- Toma de decisiones inseguras.
- Falta de coherencia en el uso de medios preventivos.

Ejemplo

Si no existe un procedimiento establecido para la limpieza de una máquina en funcionamiento, los trabajadores pueden adoptar métodos peligrosos por desconocimiento.

4.3.2 Factores materiales y condiciones ambientales

Los **factores materiales y las condiciones ambientales** del entorno de trabajo influyen directamente en la aparición de riesgos laborales. Se trata de elementos físicos, **mecánicos y ambientales** que forman parte del espacio donde se desarrolla la actividad, y que, si no están correctamente diseñados, mantenidos o controlados, pueden comprometer la seguridad y la salud de los trabajadores.

Estos factores pueden ser **visibles y tangibles**, como una máquina mal protegida, o **menos perceptibles**, como una mala calidad del aire o un nivel elevado de ruido. Evaluarlos adecuadamente es esencial para establecer medidas preventivas eficaces y mantener un entorno de trabajo seguro.

Factores materiales

Los **factores materiales** hacen referencia a los **equipos, instalaciones, herramientas y elementos físicos** utilizados o presentes en el lugar de trabajo. Diferenciamos:

1. **Máquinas y equipos de trabajo:**
   - **Falta de protecciones** en partes móviles.
   - **Mantenimiento deficiente** o inexistente.
   - **Diseño inseguro** o no adaptado al trabajador.
   - Riesgos de **atrapamientos, cortes, proyecciones** o golpes.

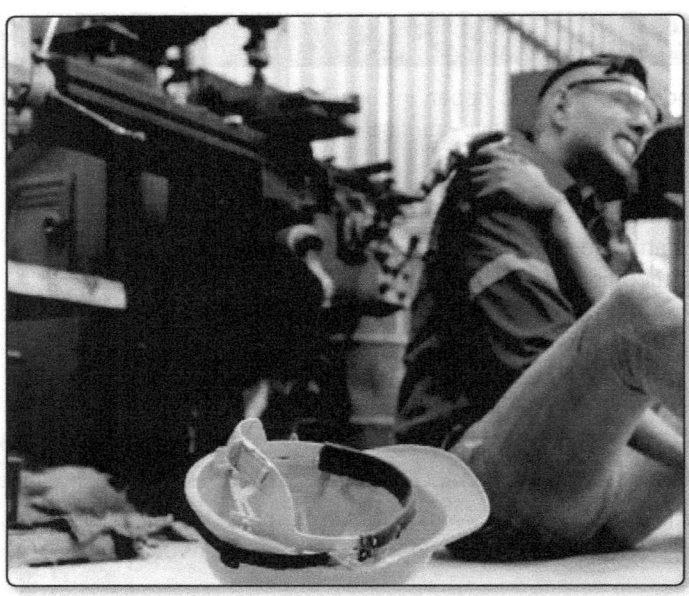

> **ⓘ Ejemplo**
>
> Una prensa sin resguardo puede causar amputaciones si el operario introduce las manos sin control de seguridad.

2. **Herramientas manuales:**
   - Uso de herramientas **deterioradas o inadecuadas**.
   - Defectos en mangos, filos o aislamientos.
   - Riesgos de lesiones por cortes, golpes o descargas eléctricas.

3. **Instalaciones eléctricas:**
   - Cableado mal aislado o expuesto.
   - Falta de dispositivos de protección (magnetotérmicos, diferenciales).
   - Tomas de corriente inadecuadas o sobrecargadas.
   - Ausencia de señalización en zonas de alto voltaje.

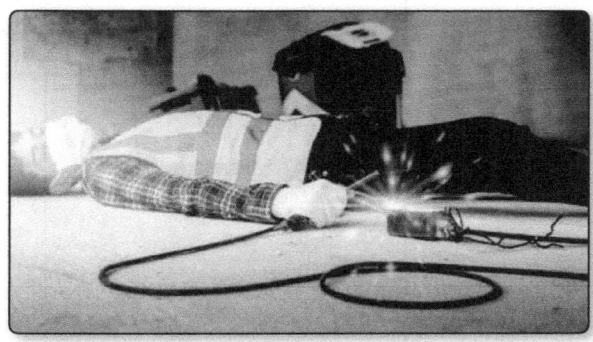

4. **Almacenamiento y manipulación de materiales:**
   - Estanterías inestables o mal distribuidas.
   - Apilamiento inseguro de cargas.
   - Riesgos de caída de objetos o derrumbes.
   - Espacios de paso obstruidos.

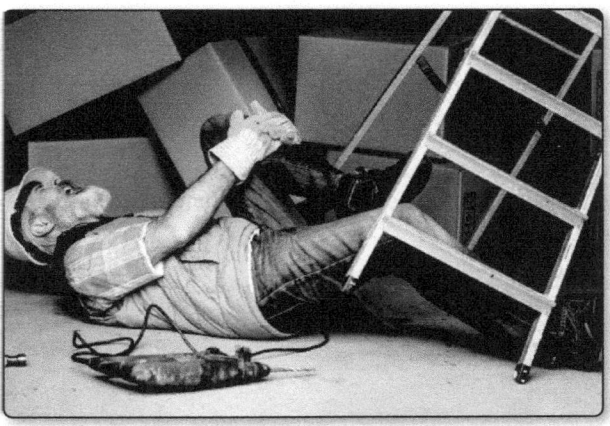

ⓘ **Importante**

La organización del espacio de trabajo es clave para evitar accidentes por tropiezos, caídas o golpes contra objetos.

5. **Productos químicos y sustancias peligrosas:**
   - Envases sin etiquetado.
   - Almacenamiento incorrecto (temperatura, ventilación, incompatibilidades).
   - Falta de fichas de seguridad o equipos de protección.
   - Posibilidad de exposición por inhalación, absorción o contacto.

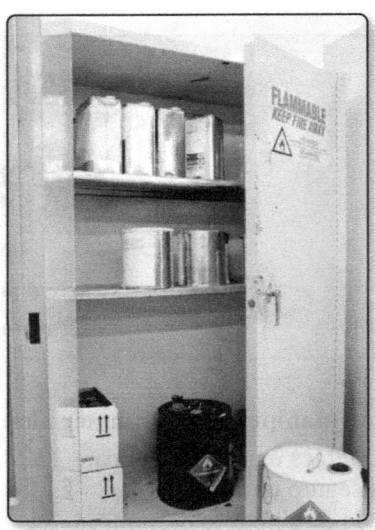

Condiciones ambientales

Las **condiciones ambientales** son los factores físicos que caracterizan el entorno laboral. Aunque en muchos casos no se perciben a simple vista, pueden afectar gravemente a la salud si no se controlan adecuadamente. Distinguimos las siguientes:

1. **Temperatura:**
   - **Temperaturas extremas** (calor o frío) afectan al rendimiento físico y mental.
   - Riesgos de **golpe de calor, hipotermia, deshidratación** o pérdida de concentración.

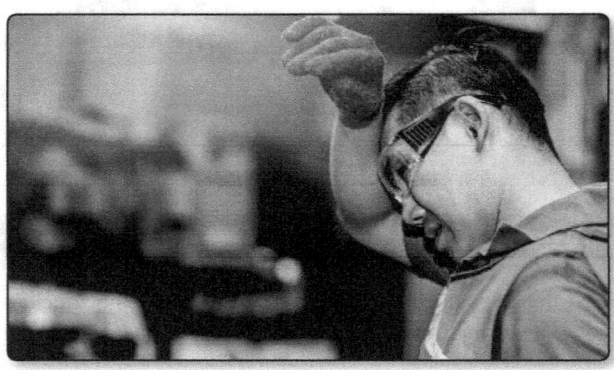

ⓘ **Ejemplo**

En una panadería industrial sin climatización adecuada, las altas temperaturas pueden provocar fatiga y errores operativos.

2. **Iluminación:**
   - **Iluminación insuficiente o excesiva**.
   - Deslumbramientos, reflejos o zonas de sombra.
   - Fatiga visual, errores de percepción o accidentes por falta de visibilidad.

3. **Ruido:**
   - Exposición prolongada a niveles superiores a los permitidos (más de 85 dB).
   - Daños auditivos (sordera, tinnitus).
   - Dificultad para la comunicación o para percibir señales de alarma.

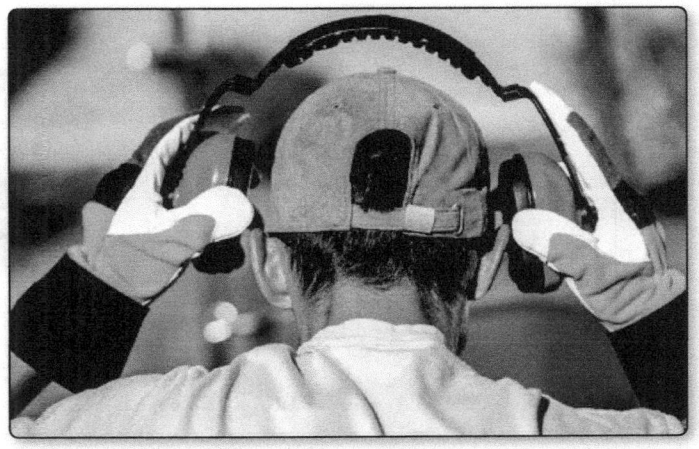

4. **Vibraciones:**
   - Uso de herramientas o maquinaria que transmite vibraciones al cuerpo.
   - Riesgos musculoesqueléticos, fatiga o alteraciones circulatorias.

5. **Calidad del aire y ventilación:**
   - Presencia de polvo, gases, vapores o humos.
   - Falta de ventilación natural o mecánica.
   - Riesgos de intoxicación, irritaciones o problemas respiratorios.

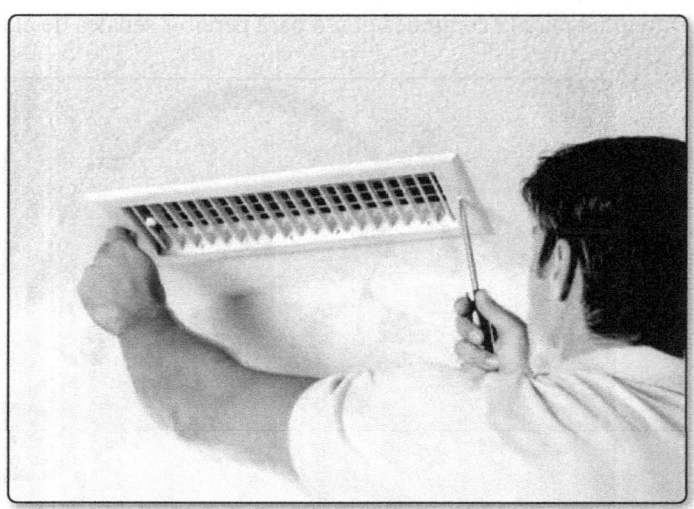

6. **Humedad:**

- Ambientes excesivamente húmedos favorecen el desarrollo de microorganismos.

- Riesgo de resbalones, corrosión de equipos o deterioro de instalaciones.

Para detectar estos riesgos es necesario:

▼ Realizar **inspecciones técnicas periódicas**.

▼ Usar **instrumentos de medición** (sonómetros, termómetros, luxómetros, detectores de gases...).

▼ Consultar a los **trabajadores**, ya que son quienes perciben directamente las condiciones del entorno.

▼ Incorporar estos factores en la **evaluación de riesgos del puesto de trabajo**.

ⓘ **Nota**

No basta con cumplir los mínimos legales. Una empresa que apuesta por la prevención debe ir más allá, aplicando el principio de mejora continua en sus condiciones materiales y ambientales.

4.3.3 Diseño del puesto de trabajo

El **diseño del puesto de trabajo** es un factor determinante en la prevención de riesgos laborales, ya que influye directamente en las condiciones físicas, cognitivas y organizativas en las que se desempeña la actividad. Un puesto de trabajo mal diseñado puede provocar **accidentes, fatiga, errores operativos, lesiones musculoesqueléticas o estrés**, mientras que un diseño adecuado favorece el rendimiento, la salud y el bienestar del trabajador.

Este diseño no debe limitarse a aspectos estéticos o funcionales, sino contemplar criterios de **ergonomía, accesibilidad, seguridad y eficiencia**, adaptando el entorno laboral a las características del trabajador y no al revés.

El diseño del puesto de trabajo debe partir de los siguientes principios:

1. **Adecuación al trabajador:** tener en cuenta la estatura, fuerza, capacidades físicas y psicológicas, posibles limitaciones o condiciones particulares (edad, embarazo, discapacidad).

2. **Adaptabilidad:** permitir ajustes en altura, inclinación, iluminación, etc., para favorecer una postura cómoda y segura.

3. **Minimización de riesgos:** evitar elementos o condiciones que puedan provocar accidentes o enfermedades profesionales.

4. **Facilitación de la tarea:** reducir esfuerzos innecesarios, movimientos repetitivos, posturas forzadas o desplazamientos innecesarios.

¿Cuáles son los elementos del puesto de trabajo que pueden generar riesgos?

a) **Superficie y altura de trabajo:**

- Mesas o bancadas mal dimensionadas pueden generar **posturas forzadas** o esfuerzos excesivos.

- Alturas no regulables provocan encorvamiento o elevación continua de brazos.

- Superficies con bordes cortantes o inestables incrementan el riesgo de accidentes.

ⓘ Ejemplo

En una cadena de montaje, una mesa demasiado baja obliga al operario a agacharse constantemente, generando un riesgo de lesión lumbar.

b) **Asientos y superficies de apoyo:**

- Asientos sin respaldo o sin regulación en altura dificultan una **postura ergonómica**.
- Falta de apoyo para pies o brazos genera tensiones musculares.
- El uso prolongado de sillas no ergonómicas puede derivar en trastornos músculo-esqueléticos.

c) **Accesibilidad y espacio:**

- Espacios reducidos dificultan los movimientos y pueden provocar **golpes o caídas**.
- Mal diseño en la disposición de herramientas y materiales implica **movimientos repetitivos o incómodos**.
- Ubicación inadecuada de interruptores, mandos o pantallas genera **tensiones visuales o físicas**.

d) **Iluminación específica del puesto:**

- Iluminación insuficiente o mal orientada causa **fatiga visual**, errores de ejecución y accidentes.
- El uso de luz artificial sin control de reflejos o deslumbramientos afecta la concentración y salud ocular.

e) **Ruido y condiciones térmicas:**

- Un puesto de trabajo cercano a una fuente constante de ruido afecta la **atención, la salud auditiva y el bienestar general**.
- Ambientes con corrientes de aire, temperaturas extremas o falta de ventilación pueden provocar **malestar y baja productividad**.

f) **Equipos y herramientas del puesto:**

- Herramientas que no se adaptan a la mano del trabajador o que exigen fuerza excesiva incrementan el riesgo de **lesiones por esfuerzo repetitivo o fatiga muscular**.

- Equipos con mandos no accesibles o sin sistemas de seguridad generan situaciones de **peligro**.

Por otro lado, la **ergonomía aplicada** al diseño del puesto busca adaptar las condiciones de trabajo al ser humano, con criterios como:

▶ **Mantener una postura natural** (espalda recta, cuello alineado, brazos próximos al cuerpo).

▶ **Evitar giros o inclinaciones frecuentes** del tronco o el cuello.

▶ **Reducir la necesidad de esfuerzos físicos intensos o prolongados.**

▶ **Favorecer la alternancia de posturas** (de pie/sentado).

▶ **Garantizar una correcta visión** del área de trabajo y de los materiales empleados.

ⓘ **Importante**

El diseño ergonómico no es exclusivo de oficinas. También debe aplicarse en almacenes, líneas de producción, vehículos de reparto, puestos en atención al público, etc.

Un diseño deficiente puede generar una **cadena de riesgos**: dolor físico, estrés, errores operativos, absentismo, pérdida de productividad y, en última instancia, accidentes o enfermedades. Por ello, en la evaluación de riesgos debe analizarse **el puesto como unidad funcional**, tanto en cuanto a su peligrosidad inmediata, como a su impacto sobre la salud a medio y largo plazo.

4.4 TIPOLOGÍAS ESPECÍFICAS DE RIESGO

Una vez identificados los peligros y evaluados los riesgos generales presentes en un entorno de trabajo, es fundamental **clasificar los riesgos según su naturaleza**, ya que esto permite aplicar medidas preventivas más precisas y eficaces. Algunas tipologías de riesgo están estrechamente vinculadas a sectores concretos (como el riesgo eléctrico en instalaciones industriales), mientras que otras pueden estar presentes en casi cualquier actividad laboral.

En los siguientes apartados se desarrollan las **principales tipologías específicas de riesgo**, comenzando por uno de los más frecuentes y peligrosos: el **riesgo eléctrico**.

4.4.1 Riesgos eléctricos

El **riesgo eléctrico** hace referencia a la **posibilidad de que la energía eléctrica cause daño a las personas**, bien por contacto directo o indirecto, por arcos eléctricos o por sobrecalentamientos que generen incendios o explosiones. Es un riesgo especialmente crítico porque puede tener consecuencias **inmediatas, graves e incluso mortales**.

Está presente en la mayoría de los entornos laborales, desde oficinas hasta talleres, pasando por fábricas, obras o centros de datos. La gestión adecuada de este riesgo es clave para prevenir accidentes y garantizar un entorno de trabajo seguro.

¿Cuáles son las principales formas de riesgo eléctrico?

1. **Contacto eléctrico directo:**

   Se produce cuando una persona entra en contacto con partes **activas** de una instalación eléctrica, como conductores o elementos bajo tensión.

ⓘ **Ejemplo**

Un trabajador que toca accidentalmente un cable pelado o una toma de corriente sin aislamiento adecuado.

2. **Contacto eléctrico indirecto:**

   Ocurre cuando el contacto es con partes **metálicas no activas** que se han cargado eléctricamente por un fallo del aislamiento, como el chasis de una máquina.

ⓘ **Importante**

La falta de conexión a tierra o de dispositivos de protección como diferenciales incrementa significativamente el riesgo.

3. **Arco eléctrico:**

   Es una **descarga eléctrica súbita y violenta** que puede ocurrir entre dos puntos con diferencia de potencial. Puede generar quemaduras graves, proyección de materiales o incendios.

4. **Sobreintensidades y cortocircuitos:**

   Se producen por fallos técnicos o conexiones incorrectas. Pueden dañar equipos y provocar incendios si no están protegidos por sistemas de corte automático.

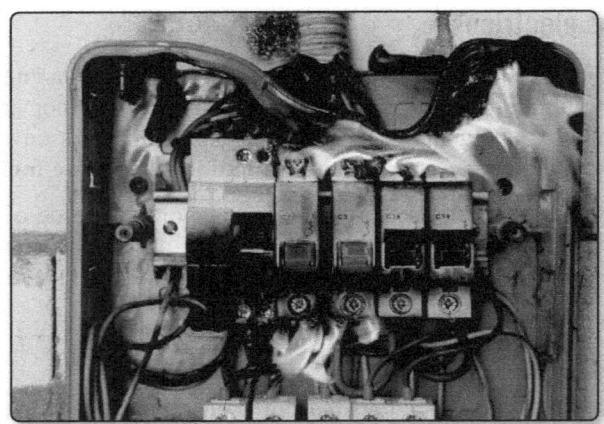

5. **Electricidad estática:**

   Aunque en muchos casos no genera peligro grave, en entornos con vapores inflamables o materiales sensibles, puede desencadenar **explosiones o incendios**.

El riesgo eléctrico puede provocar:

- **Descargas eléctricas**, con efectos sobre el sistema nervioso, muscular o cardíaco.

- **Quemaduras térmicas** de diversa gravedad.

- **Caídas** al reaccionar bruscamente por una descarga.

- **Incendios y explosiones**, al afectar instalaciones inflamables o materiales combustibles.

- **Fallecimientos**, especialmente en contacto con tensiones elevadas o en condiciones de humedad.

ⓘ Ejemplo

Un operario murió al manipular un cuadro eléctrico sin cortar la corriente, al no estar correctamente señalizado ni aislado el sistema. La investigación reveló una ausencia total de protocolos de intervención segura.

Por otro lado, los **factores que incrementan el riesgo** son los siguientes:

- Instalaciones obsoletas o mal mantenidas.
- Manipulación de equipos eléctricos por personal no cualificado.
- Ambientes húmedos o mojados.
- Falta de señalización o de protección física en zonas con tensión.
- Ausencia de equipos de protección o uso incorrecto de los mismos.

A continuación, se exponen los **tipos de medidas preventivas frente al riesgo eléctrico:**

1. **Medidas técnicas:**
   - Aislamiento adecuado de conductores y componentes.
   - Instalación de **dispositivos de protección** (magnetotérmicos, diferenciales, fusibles).

   - Puesta a **tierra de equipos y estructuras metálicas**.
   - Sistemas de **seccionamiento y bloqueo** para trabajos en instalaciones eléctricas.
   - Diseño de instalaciones según normativas específicas (REBT en España).

2. **Medidas organizativas:**
   - Solo personal **autorizado y cualificado** debe manipular equipos o instalaciones eléctricas.
   - Planificación y documentación de **trabajos con riesgo eléctrico**.
   - Señalización clara de zonas con tensión.
   - Mantenimiento periódico de instalaciones.

3. **Equipos de protección individual (EPIs):**
   - Guantes dieléctricos.

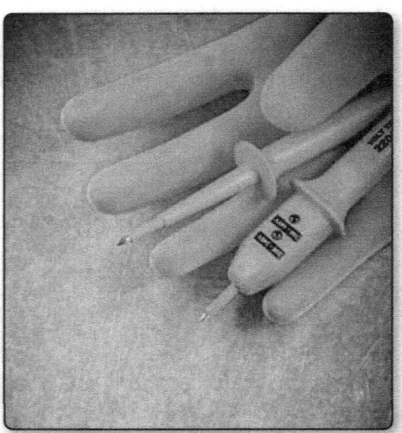

   - Ropa ignífuga.
   - Pantallas faciales y gafas de protección.
   - Calzado aislante.
   - Herramientas homologadas para trabajo con tensión.

ⓘ **Nota**

El uso de EPIs no sustituye las medidas técnicas y organizativas, sino que debe ser un complemento final cuando no es posible eliminar el riesgo.

Por último, como normativa aplicable tenemos:

▸ **Real Decreto 614/2001,** sobre disposiciones mínimas para la protección de la salud y seguridad de los trabajadores frente al riesgo eléctrico.

▸ Reglamento Electrotécnico para Baja Tensión (**REBT**).

▸ Normas técnicas UNE y guías del Instituto Nacional de Seguridad y Salud en el Trabajo (**INSST**).

4.4.2 Riesgos de incendios y explosiones

Los **riesgos de incendios y explosiones** son especialmente críticos en el entorno laboral, ya que pueden producir consecuencias catastróficas tanto para las personas como para las instalaciones y el medio ambiente. Suelen estar presentes en sectores industriales, almacenes, laboratorios, talleres y cualquier otro entorno donde se manipulen, almacenen o generen sustancias inflamables, combustibles o explosivas.

La prevención de este tipo de riesgos requiere una combinación de **medidas técnicas, organizativas y humanas**, así como una planificación específica para la **actuación en emergencias**.

¿Qué es un incendio y qué es una explosión?

El **incendio** es una **reacción química de combustión incontrolada** que genera calor, llamas y gases tóxicos, propagándose en el entorno.

Para que se produzca, deben coincidir los tres elementos del **triángulo del fuego**:

1. **Combustible:** material que puede arder (papel, madera, aceites, gases…).

2. **Comburente:** habitualmente el oxígeno del aire.

3. **Energía de activación:** una fuente de calor, chispa, llama o fricción.

Por su parte, una explosión es una **liberación violenta de energía**, acompañada generalmente de calor, presión y ruido. Puede deberse a reacciones químicas, físicas o mecánicas, y producir **proyecciones de materiales**, llamas o derrumbes.

(i) Ejemplo

Un escape de gas en una cocina industrial que entra en contacto con una chispa puede originar una explosión seguida de incendio.

¿Cuáles son los factores de riesgo comunes?

▶ **Sustancias inflamables o explosivas:** disolventes, pinturas, gases, polvos combustibles (como el azúcar o el aluminio en suspensión).

▶ **Equipos eléctricos defectuosos o mal instalados.**

▶ **Soldaduras, corte por llama o chispas sin protección.**

▶ **Acumulación de residuos combustibles** sin control (papel, cartón, serrín...).

▶ **Fugas de gases o vapores inflamables** por mal sellado o rotura de envases.

▶ **Falta de ventilación adecuada.**

(i) Nota

Incluso entornos considerados "no industriales" pueden contener fuentes de riesgo de incendio, como oficinas con cableado obsoleto o sobrecarga de enchufes.

Las consecuencias de un incendio o explosión son diversas:

▶ **Lesiones graves o muerte** por quemaduras, asfixia o traumatismos.
▶ **Pérdida total o parcial** de maquinaria, instalaciones o materias primas.
▶ **Parálisis temporal o definitiva de la actividad productiva.**
▶ **Contaminación ambiental** por liberación de productos tóxicos.
▶ **Sanciones administrativas y responsabilidades legales.**

Como medidas preventivas, diferenciamos:

1. **Medidas técnicas:**
   - Almacenamiento seguro de sustancias peligrosas (en armarios ignífugos, bien etiquetados y separados por compatibilidad).
   - Instalación de **detectores de humo, calor y gases**.
   - Sistemas de **extinción automáticos** (rociadores, gases inertes).
   - **Sectorización y compartimentación** de espacios para evitar la propagación.
   - Equipos eléctricos con **protección antideflagrante** en zonas con atmósferas explosivas (ATEX).
   - Dispositivos de **puesta a tierra y descarga de electricidad estática**.

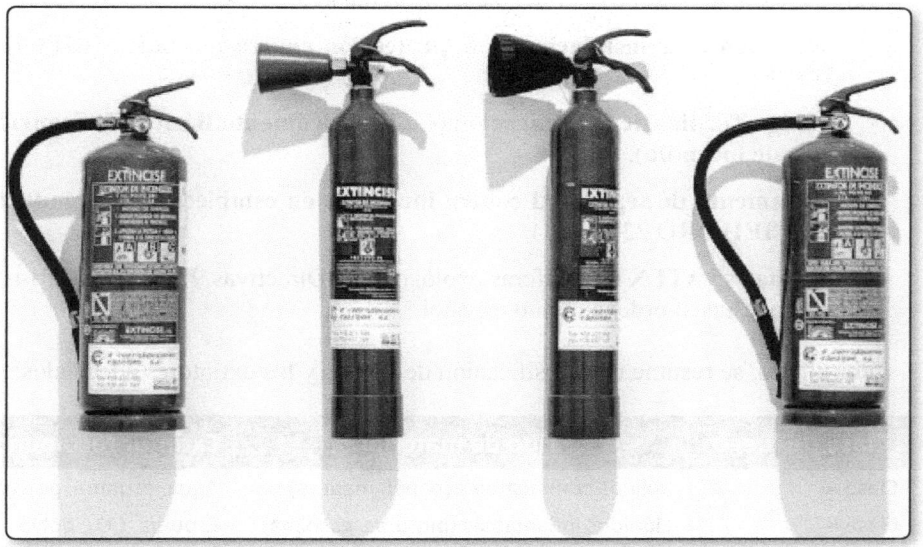

2. **Medidas organizativas:**

- **Evaluación del riesgo de incendio y explosión**, incluida en la evaluación general de riesgos.
- **Planes de emergencia y evacuación** actualizados, ensayados mediante simulacros.
- **Control del acceso** a zonas con productos inflamables.
- Control de fuentes de ignición: **prohibición de fumar**, uso de herramientas con chispas, etc.
- **Mantenimiento periódico** de instalaciones, sistemas eléctricos y equipos de extinción.

3. **Formación y sensibilización:**

- Formación al personal en:
    - Uso de **extintores** y bocas de incendio equipadas (BIEs).
    - Detección de situaciones peligrosas.
    - Procedimientos de **evacuación y confinamiento**.
- Señalización visible y normativa de extintores, salidas y zonas de riesgo.

ⓘ Ejemplo

En una carpintería industrial se instalan detectores de humo, se separan los productos de barnizado del serrín, y se establece un plan de evacuación con extintores revisados cada seis meses.

En este caso, la normativa aplicable es la siguiente:

▼ **Reglamento de instalaciones de protección contra incendios (RIPCI)** – RD 513/2017.

▼ **Código Técnico de la Edificación (CTE), Documento Básico SI (Seguridad en caso de incendio).**

▼ **Reglamento de seguridad contra incendios en establecimientos industriales (RSCIEI)** – RD 2267/2004.

▼ **Normativa ATEX** (atmósferas explosivas) – Directivas 99/92/CE y 2014/34/UE transpuestas al ordenamiento español.

Por último, se resume una clasificación de fuegos y los extintores adecuados:

Clase de fuego	Tipo de material	Extintor recomendado
Clase A	Sólidos combustibles (papel, madera)	Agua, espuma, polvo
Clase B	Líquidos inflamables (pinturas, gasolina)	Espuma, CO_2, polvo
Clase C	Gases inflamables (propano, butano)	Polvo, CO_2
Clase D	Metales (magnesio, sodio)	Polvo especial (Clase D)
Clase F	Aceites y grasas de cocina	Agente húmedo especial
Fuegos eléctricos	Equipos energizados	CO_2, polvo (nunca agua)

ⓘ Importante

Elegir el tipo correcto de extintor es esencial. Usar agua sobre líquidos inflamables o equipos eléctricos puede agravar el incendio o causar una electrocución.

4.4.3 Riesgos por manipulación de sustancias químicas

La **manipulación de sustancias químicas** en el entorno laboral conlleva una serie de riesgos que pueden afectar de manera grave la salud de los trabajadores, la seguridad de las instalaciones y el medio ambiente. Estos riesgos no solo están presentes en sectores como la industria química o farmacéutica, sino también en actividades cotidianas como la limpieza, la pintura, la agricultura, la automoción o los laboratorios escolares.

El manejo inadecuado de estos productos puede provocar **intoxicaciones, quemaduras, incendios, explosiones, enfermedades respiratorias o lesiones cutáneas**, entre otros efectos. Por ello, es fundamental identificar correctamente los riesgos, conocer las propiedades de los productos utilizados y aplicar medidas de prevención adecuadas.

Las **sustancias químicas peligrosas** pueden clasificarse, según su naturaleza y efectos, en distintas categorías. Algunas de las más comunes son:

- ▶ **Inflamables:** alcoholes, disolventes, gases como el butano.
- ▶ **Explosivos:** nitratos, peróxidos orgánicos.
- ▶ **Corrosivos:** ácidos fuertes (sulfúrico, clorhídrico), álcalis.
- ▶ **Tóxicos y muy tóxicos:** cianuros, metales pesados.
- ▶ **Irritantes:** amoníaco, lejía.
- ▶ **Sensibilizantes:** isocianatos, formaldehído.
- ▶ **Cancerígenos, mutágenos y reprotóxicos (CMR):** benceno, amianto, algunas aminas.

ⓘ Ejemplo

Un limpiador industrial que contiene sosa cáustica (hidróxido sódico) es corrosivo. Si entra en contacto con la piel o los ojos, puede causar quemaduras graves.

Los agentes químicos pueden penetrar en el cuerpo humano por diversas vías:

- ▶ **Inhalación:** es la vía más común. Vapores, gases o partículas suspendidas se introducen por las vías respiratorias.
- ▶ **Contacto dérmico:** absorción a través de la piel o daños por corrosión o irritación.
- ▶ **Ingestión accidental:** puede ocurrir por falta de higiene (comer o beber en zonas contaminadas).
- ▶ **Inoculación:** por pinchazos, cortes o heridas con objetos contaminados.

¿Cuáles son los principales tipos de riesgos asociados?

1. **Riesgos para la salud:**
   - Intoxicaciones agudas o crónicas.
   - Enfermedades respiratorias (asma, fibrosis, sensibilización).
   - Cáncer laboral (por exposición prolongada a agentes CMR).
   - Afecciones dermatológicas (eccemas, quemaduras, alergias).
   - Alteraciones del sistema nervioso, hepático o renal.

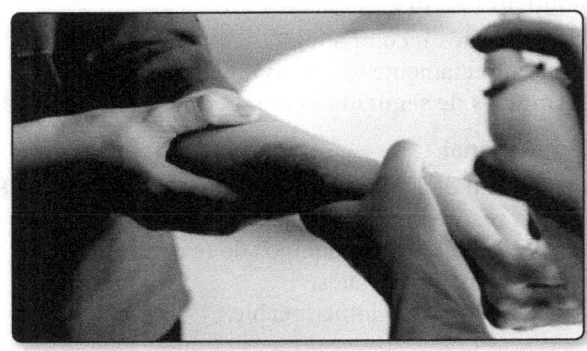

2. **Riesgos de seguridad:**
   - Incendios y explosiones (por productos inflamables o mezclas incompatibles).
   - Reacciones violentas al contacto con otras sustancias.
   - Liberación de gases tóxicos por errores en la manipulación.

La **mezcla de productos sin conocimiento técnico** puede generar gases altamente tóxicos. Por ejemplo, mezclar lejía con amoniaco produce cloraminas, que son peligrosas al inhalarse.

La **evaluación de riesgos** por agentes químicos debe tener en cuenta:

▶ **Identificación y clasificación** de los productos utilizados.
▶ **Cantidad y forma de uso** (manual, automatizado, pulverización, etc.).
▶ **Frecuencia y duración de la exposición**.
▶ **Condiciones del entorno** (ventilación, confinamiento, temperatura...).
▶ **Características del trabajador** (personas sensibles, embarazadas…).

Esta evaluación debe apoyarse en documentación técnica como:

▶ Las **Fichas de Datos de Seguridad (FDS)** de cada producto.

▶ El **etiquetado conforme al Reglamento CLP** (clasificación, etiquetado y envasado de sustancias y mezclas químicas).

▶ Normas específicas y límites de exposición profesional.

Las medidas preventivas en este caso son las siguientes:

1. **Sustitución y reducción:**
   - Sustituir productos peligrosos por otros menos dañinos siempre que sea posible.
   - Reducir la cantidad de producto utilizado y la frecuencia de manipulación.

2. **Control del proceso:**
   - Manipular productos en **sistemas cerrados** o con **ventilación localizada**.
   - Controlar condiciones de temperatura, humedad y almacenamiento.

3. **Almacenamiento seguro**
   - Separar productos incompatibles.
   - Etiquetar correctamente todos los envases.
   - Usar **armarios de seguridad** para productos inflamables o tóxicos.

4. **Protección personal**
   - Uso obligatorio de **Equipos de Protección Individual (EPIs)**:
     - Guantes resistentes a productos químicos.
     - Mascarillas filtrantes o equipos de respiración.
     - Gafas o pantallas faciales.
     - Ropa de protección impermeable.

(i) **Ejemplo**

En un laboratorio donde se manipulan disolventes, se exige el uso de guantes de nitrilo, gafas de seguridad bata de laboratorio y campana extractora.

5. **Formación e información:**
   - Todos los trabajadores deben recibir formación sobre:
     - Los riesgos de los productos que utilizan.
     - Lectura e interpretación de etiquetas y FDS.
     - Medidas de actuación en caso de emergencia o derrame.

6. **Emergencias:**
   - Disponer de duchas de emergencia y lavaojos.
   - Planes de actuación ante derrames, incendios o exposiciones accidentales.
   - Supervisión médica y vigilancia de la salud específica para trabajadores expuestos.

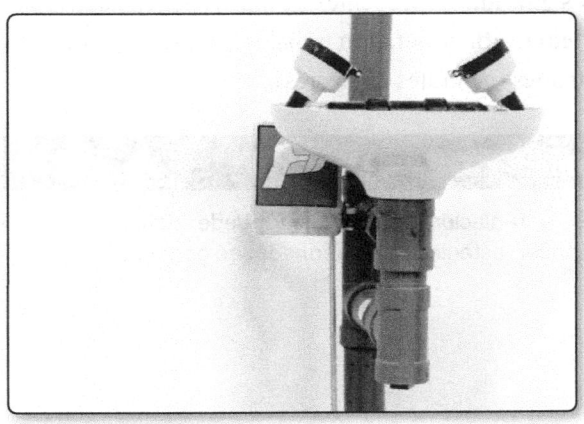

La normativa aplicable vinculada a estos riesgos es la siguiente:

▼ **Real Decreto 374/2001**, sobre la protección de la salud y seguridad de los trabajadores frente a los riesgos relacionados con los agentes químicos.

▼ **Reglamento CLP (CE) nº 1272/2008**, sobre clasificación, etiquetado y envasado de sustancias y mezclas.

▼ **REACH**, relativo al registro, evaluación, autorización y restricción de sustancias químicas.

▼ **Real Decreto 665/1997**, sobre agentes cancerígenos y mutágenos en el trabajo.

4.4.4 Riesgos por exposición a radiaciones

La **exposición a radiaciones** en el entorno laboral puede generar riesgos significativos para la salud de los trabajadores, dependiendo del tipo, la intensidad, la duración y la frecuencia de dicha exposición. Aunque muchas veces invisibles al ojo humano, las radiaciones pueden producir **daños biológicos severos**, tanto a corto como a largo plazo, por lo que su evaluación y control son fundamentales en la gestión preventiva.

Las radiaciones están presentes en diversos sectores: medicina, industria, investigación, comunicaciones, construcción, agricultura y energía, entre otros. La normativa vigente establece límites de exposición y obliga a adoptar **medidas específicas de protección, señalización y vigilancia de la salud**.

Las radiaciones se clasifican en dos grandes grupos, en función de su capacidad para ionizar la materia:

1. **Radiaciones ionizantes:**

   Son aquellas con **suficiente energía como para alterar átomos o moléculas**, produciendo ionizaciones. Son las más peligrosas desde el punto de vista biológico.

   Algunos ejemplos son:

   - **Rayos X** (diagnóstico médico, inspección industrial).
   - **Rayos gamma** (procedentes de materiales radiactivos como el cobalto-60).
   - **Partículas alfa y beta** (en trabajos con isótopos radiactivos).
   - **Neutrones** (centrales nucleares).

ⓘ Importante

La exposición a radiaciones ionizantes puede dañar el ADN celular, provocando mutaciones, cáncer, esterilidad o enfermedades genéticas.

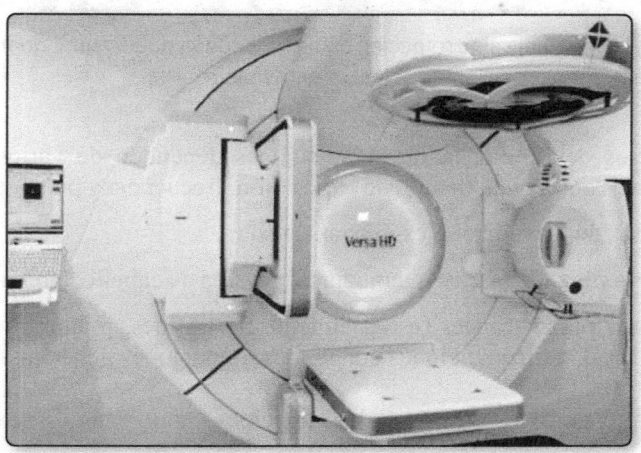

2. **Radiaciones no ionizantes:**

No tienen energía suficiente para ionizar la materia, pero pueden producir efectos térmicos, lumínicos o mecánicos.

Algunos ejemplos son:

- **Radiación ultravioleta (UV)**: soldadura, lámparas germicidas, trabajos al aire libre.
- **Radiación infrarroja (IR)**: hornos industriales, fundiciones.
- **Campos electromagnéticos**: líneas de alta tensión, transformadores, antenas, hornos de inducción.
- **Láseres**: aplicaciones médicas, industriales o tecnológicas.
- **Microondas**: telecomunicaciones, radares, hornos industriales.

ⓘ Ejemplo

Un soldador que trabaja sin protección ocular adecuada puede sufrir queratitis (inflamación de la córnea) por exposición a radiación ultravioleta.

Los efectos de la exposición a radiaciones dependen de varios factores: tipo de radiación, dosis absorbida, tiempo de exposición, frecuencia y parte del cuerpo expuesta.

Los efectos de las radiaciones ionizantes son:

▶ **A corto plazo**: náuseas, quemaduras, pérdida de cabello, alteraciones en la sangre.

▶ **A largo plazo**: cáncer (especialmente de tiroides, pulmón, médula), leucemia, esterilidad, malformaciones congénitas, mutaciones genéticas.

Por su parte, entre los efectos de las radiaciones no ionizantes, se encuentran:

▶ **UV**: quemaduras, envejecimiento prematuro de la piel, cataratas, cáncer de piel.

▶ **IR**: quemaduras térmicas, fatiga ocular.

▶ **Láser**: daños en retina y córnea.

▶ **Campos electromagnéticos**: efectos térmicos, interferencias con dispositivos médicos (marcapasos), controversias sobre efectos biológicos a largo plazo.

¿Cuáles son las actividades con riesgo por radiaciones?

▶ **Sanidad**: radiología, medicina nuclear, radioterapia, odontología.

▶ **Industria**: gammagrafía industrial, tratamientos térmicos, medición de densidad o nivel.

▶ **Energía**: centrales nucleares.

▶ **Investigación**: laboratorios con fuentes radiactivas.

▶ **Construcción**: detección de metales, mediciones geofísicas.

▶ **Soldadura** y corte térmico: exposición a UV e IR.

▶ **Telecomunicaciones**: antenas, emisores de radiofrecuencia y microondas.

Como medidas preventivas, se distinguen:

1. **Evaluación de riesgos específica:**
   - Identificación de fuentes de radiación.
   - Medición de niveles de exposición.
   - Determinación de zonas clasificadas y personal expuesto.

2. **Medidas técnicas:**
   - **Pantallas protectoras** (plomo, vidrio especial, materiales absorbentes).
   - **Blindajes y apantallamientos** físicos.
   - **Limitación de tiempo de exposición** y distancia de seguridad.
   - Automatización de procesos para reducir presencia humana.

3. **Organización del trabajo:**
   - Acceso restringido a zonas de riesgo.
   - Señalización obligatoria conforme a normativa (pictogramas de peligro radiológico).
   - Control de dosis individual mediante **dosímetros personales** (en radiaciones ionizantes).
   - Registros de exposición y vigilancia médica específica.

4. **Formación e información:**
   - Capacitación en riesgos, medidas de protección y procedimientos de emergencia.
   - Instrucciones claras sobre el uso de equipos emisores de radiación.

5. **Equipos de Protección Individual (EPIs):**
   - Delantales y guantes de plomo.
   - Gafas con filtro especial para láser o UV.
   - Pantallas faciales para soldadura.
   - Ropa reflectante o aislante térmico (para IR o microondas).

Por último, para este caso, como normativa aplicable encontramos:

▸ **Real Decreto 1029/2022**, por el que se aprueba el Reglamento sobre protección sanitaria contra radiaciones ionizantes.

▸ **Real Decreto 486/1997**, sobre disposiciones mínimas de seguridad y salud en los lugares de trabajo.

▸ **Real Decreto 299/2016**, sobre protección frente a radiaciones no ionizantes (campos electromagnéticos).

▸ Normas específicas de organismos como el **Consejo de Seguridad Nuclear (CSN)** o el **Instituto Nacional de Seguridad y Salud en el Trabajo (INSST)**.

4.4.5 Riesgos ergonómicos y por sobreesfuerzos

Los **riesgos ergonómicos y por sobreesfuerzos** son aquellos que se derivan de una **interacción inadecuada entre el trabajador, su entorno y las tareas que realiza**, afectando a su salud física y mental. Aunque no suelen generar accidentes inmediatos, son la causa más frecuente de **lesiones musculoesqueléticas**, ausencias laborales prolongadas y reducción del rendimiento.

Estos riesgos están presentes en **todo tipo de sectores**: oficinas, industria, construcción, transporte, comercio, sanidad o servicios. Se relacionan especialmente con **posturas forzadas, movimientos repetitivos, manipulación manual de cargas, trabajo sedentario o mal diseño del puesto de trabajo**.

¿Qué son los riesgos ergonómicos?

Son aquellos relacionados con **el diseño físico del trabajo, las herramientas utilizadas y la organización de las tareas**, que pueden provocar **fatiga, molestias o lesiones en el sistema musculoesquelético** cuando no están adaptados a las capacidades y características del trabajador.

¿Qué son los sobreesfuerzos?

Los **sobreesfuerzos** son esfuerzos físicos excesivos, continuados o mal ejecutados que superan la capacidad física del trabajador. Suelen producirse durante:

▸ **Elevación o transporte de cargas pesadas**.

▸ **Empujar o arrastrar objetos**.

▸ **Uso prolongado de fuerza en manos o brazos**.

▸ **Posturas inadecuadas durante el esfuerzo**.

ⓘ Ejemplo

Un operario de almacén que levanta cajas de 25 kg sin ayuda técnica, agachándose y girando el tronco, está sometido a un riesgo por sobreesfuerzo lumbar.

Los riesgos ergonómicos y los sobreesfuerzos pueden causar:

▶ **Lumbalgias** y otras lesiones en la columna vertebral.

▶ **Tendinitis, bursitis, epicondilitis (codo del tenista).**

▶ **Síndrome del túnel carpiano.**

▶ **Fatiga crónica y estrés físico acumulado.**

▶ En casos graves: **incapacidades laborales temporales o permanentes.**

ⓘ Importante

Las lesiones musculoesqueléticas suelen desarrollarse de forma progresiva y silenciosa, por lo que la prevención debe aplicarse incluso antes de que aparezcan los síntomas.

Los factores de riesgo ergonómico más comunes son los siguientes:

1. **Posturas forzadas o mantenidas:**
   - Permanecer de pie o sentado mucho tiempo sin moverse.
   - Flexionar o rotar el tronco de forma continua.
   - Trabajar con los brazos por encima de los hombros o agachado.

2. **Movimientos repetitivos:**
   - Tareas manuales realizadas de forma cíclica (ensamblajes, mecanografía, clasificación…).
   - Movimientos continuos de muñeca, hombro o dedos sin pausas.

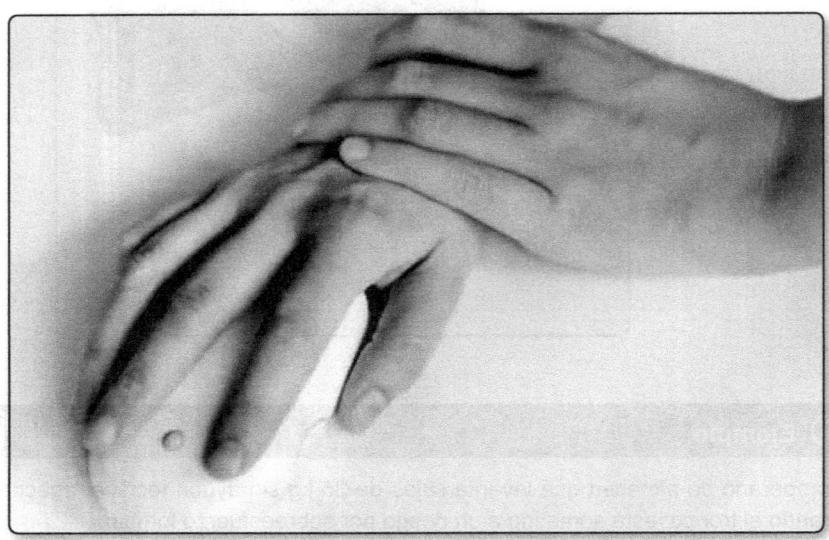

3. **Manipulación manual de cargas:**
   - Cargas excesivas o mal equilibradas.
   - Levantamiento sin técnica adecuada.
   - Ausencia de ayudas mecánicas (carros, poleas, grúas…).

4. **Diseño inadecuado del puesto de trabajo:**
   - Altura incorrecta de mesas o superficies de trabajo.
   - Distribución ineficiente de herramientas.
   - Falta de apoyos, superficies antideslizantes o espacio para moverse.

5. **Condiciones organizativas:**
   - Ritmos de trabajo excesivos.
   - Tiempos insuficientes de descanso.
   - Falta de rotación de tareas.

Entre las medidas preventivas, destacan:

1. **Diseño ergonómico del puesto:**
   - Ajustar altura y disposición de elementos al trabajador.
   - Incorporar mobiliario ergonómico (sillas, mesas, soportes...).
   - Asegurar un campo visual y de alcance cómodo.

2. **Técnicas adecuadas de manipulación de cargas:**
   - **Evaluar el peso** y las dimensiones antes de levantar.
   - Levantar con la **espalda recta y las piernas flexionadas**.
   - Evitar giros del tronco durante el esfuerzo.
   - Usar siempre que sea posible **ayudas mecánicas**.

ⓘ Ejemplo

En una empresa de paquetería, se dota a los operarios de carros rodantes y se establece una formación obligatoria en manipulación segura de cargas.

3. **Rotación de tareas y pausas activas:**
   - Alternar actividades que implican diferentes grupos musculares.
   - Incorporar **pausas breves cada cierto tiempo** para estiramientos o movilidad.
   - Evitar la sobrecarga de un solo grupo muscular o zona corporal.

4. **Formación e información:**
   - Enseñar principios básicos de ergonomía y posturas saludables.
   - Instruir sobre el uso correcto de herramientas y mobiliario.
   - Sensibilizar sobre los síntomas iniciales de sobrecarga física.

5. **Evaluación ergonómica del puesto:**
   - Aplicar métodos como OWAS, REBA, RULA, NIOSH, etc.
   - Contar con **asesoría técnica especializada** en ergonomía.

Por último, la normativa aplicable en este caso se resume en la siguiente:

▶ **Ley de Prevención de Riesgos Laborales (Ley 31/1995)**.

▶ **Real Decreto 487/1997**, sobre manipulación manual de cargas.

▶ **Normas UNE-EN de ergonomía**, diseño de mobiliario y equipos.

▶ Guías del **INSST** sobre evaluación y prevención de trastornos musculoesqueléticos.

4.4.6 Riesgos por uso de maquinaria, herramientas y equipos

El uso de **maquinaria, herramientas y equipos de trabajo** es habitual en prácticamente todos los sectores productivos: industria, construcción, agricultura, logística, talleres, servicios técnicos, entre otros. Si bien estos elementos son fundamentales para la ejecución eficiente de tareas, también constituyen una fuente importante de **riesgos laborales** cuando no se utilizan correctamente, no se mantienen adecuadamente o no se adaptan a las necesidades del entorno o del trabajador.

Los accidentes relacionados con el uso de maquinaria o herramientas pueden tener **consecuencias graves e inmediatas**, como amputaciones, atrapamientos, cortes, electrocuciones o incluso la muerte. Por ello, su evaluación y gestión requieren una atención especial en cualquier plan de prevención.

Los tipos de equipos y herramientas se pueden clasificar según su nivel de complejidad y accionamiento:

Tipo de equipo	Ejemplos	Riesgos asociados
Herramientas manuales	Martillos, destornilladores, alicates, llaves, cúteres, sierras...	Cortes, golpes, perforaciones, lesiones musculoesqueléticas.
Herramientas manuales motorizadas	Taladros, amoladoras, sierras eléctricas, martillos neumáticos	Proyecciones, vibraciones, atrapamientos, electrocución.
Maquinaria fija o de gran tamaño	Prensas, tornos, fresadoras, líneas automatizadas	Aplastamientos, atrapamientos, amputaciones, fallo de sistemas de seguridad.
Equipos móviles o de transporte	Carretillas elevadoras, transpaletas eléctricas, plataformas elevadoras	Vuelcos, atropellos, colisiones, caídas desde altura.
Equipos de elevación	Grúas, polipastos, cabestrantes	Caída de cargas, atrapamientos, rotura de cables o elementos estructurales.

Podemos distinguir como principales riesgos asociados al uso de maquinaria y herramientas los siguientes:

- **Atrapamientos** entre piezas móviles o entre la máquina y el cuerpo.
- **Amputaciones** por contacto con zonas de corte o cizallado.
- **Golpes o impactos** por partes móviles, herramientas mal sujetas o proyecciones.
- **Cortes y perforaciones**, tanto por contacto accidental como por mal uso.
- **Caídas de objetos** manipulados por la maquinaria.
- **Vuelcos y colisiones**, especialmente con equipos móviles.
- **Electrocuciones**, por herramientas defectuosas, cables en mal estado o manipulación sin desconexión.
- **Fatiga y lesiones musculoesqueléticas**, por uso prolongado de herramientas mal diseñadas o vibraciones continuas.

Por otro lado, ¿cuáles son las causas comunes de accidentes?

- Ausencia de **protecciones o resguardos** en la máquina.
- **Manipulación incorrecta** por parte del trabajador.
- **Falta de formación** o experiencia en el uso del equipo.
- **Deficiente mantenimiento** o revisión técnica.
- Utilización de **equipos deteriorados o no homologados**.
- Alteraciones del funcionamiento sin autorización técnica.
- **Trabajos improvisados** sin planificación ni evaluación previa.

ⓘ Ejemplo

Un trabajador utiliza una radial sin protección y sin gafas de seguridad. Una esquirla sale disparada y le impacta en el rostro. El accidente se debe a la omisión de los elementos de protección y la falta de supervisión.

En este caso, dentro de las medidas preventivas, se distinguen:

1. **Diseño y adquisición segura:**
   - Adquirir **equipos conformes a la normativa CE**.
   - Verificar que el diseño incluye **resguardos, dispositivos de parada de emergencia** y sistemas de enclavamiento.
   - Evaluar la **ergonomía** y facilidad de uso del equipo.

2. **Evaluación de riesgos específica:**
   - Analizar el equipo antes de su uso para detectar posibles riesgos.
   - Estudiar el entorno donde se va a utilizar (espacio, iluminación, presencia de otras personas…).

3. **Mantenimiento preventivo:**
   - Realizar **revisiones periódicas** según manual del fabricante.
   - Registrar todas las intervenciones y reparaciones.
   - Retirar inmediatamente de uso cualquier equipo defectuoso.

4. **Formación e instrucciones claras:**
   - Proporcionar formación específica y práctica para cada máquina.
   - Entregar **manuales e instrucciones de uso** en lenguaje comprensible.
   - Informar sobre procedimientos en caso de fallo, parada o emergencia.

5. **Uso adecuado de los Equipos de Protección Individual (EPIs):**
   - Gafas de seguridad, guantes, protectores auditivos, calzado de seguridad, casco, etc.
   - Adaptar los EPIs a los riesgos específicos del equipo.

6. **Supervisión y control:**
   - Verificar el cumplimiento de los procedimientos de trabajo seguros.
   - Establecer **permisos de trabajo** para operaciones especiales o peligrosas.

> (i) **Importante**
>
> Nunca se deben anular dispositivos de seguridad "por comodidad" o para "ganar tiempo". Las máquinas están diseñadas para usarse con todos sus sistemas de protección activos.

Finalmente, la normativa aplicable en este caso se resume en:

- **Real Decreto 1215/1997**, por el que se establecen las disposiciones mínimas de seguridad y salud para la utilización por los trabajadores de los equipos de trabajo.

- **RD 1644/2008**, sobre comercialización de máquinas y marcado CE.

- **Normas UNE-EN ISO de seguridad en maquinaria** (resguardos, mandos, paradas de emergencia, etc.).

- Manuales de fabricante y legislación sectorial específica.

4.5 AUTOEVALUACIÓN DE LA SECCIÓN

Elabora una ficha de observación para un puesto de trabajo específico (por ejemplo, operario de almacén, administrativo, técnico de laboratorio, etc.). Identifica al menos tres posibles peligros presentes en ese puesto, diferenciándolos correctamente del concepto de riesgo. Describe las condiciones que podrían incrementar la probabilidad de que esos peligros deriven en daños.

Selecciona dos espacios de trabajo distintos (una oficina y un taller, por ejemplo) y realiza una tabla comparativa que indique los tipos de riesgos presentes en cada uno. Clasifícalos como ergonómicos, eléctricos, químicos, ambientales, etc., y propone una medida preventiva para cada riesgo identificado.

Consulta dos productos químicos utilizados en un entorno laboral (limpiadores, pinturas, disolventes...) y analiza su etiquetado según el Reglamento CLP. Identifica los pictogramas, frases de advertencia y medidas de precaución indicadas, relacionando esta información con los riesgos para la salud y la seguridad.

Aplica una matriz básica de evaluación de riesgos (probabilidad vs. gravedad) a tres situaciones que puedan darse en un entorno laboral: caída de objetos, exposición a ruido, y manipulación de cargas. Asigna un nivel de riesgo (bajo, medio, alto) y sugiere acciones correctoras para reducir ese nivel.

Diseña un esquema básico de plan de prevención frente a incendios para un local o edificio de tu elección. Incluye las fuentes de ignición y combustibles presentes, el tipo de extintores adecuados, las rutas de evacuación y las acciones en caso de emergencia.

4.5.1 Preguntas tipo test

1. **¿Cuál de los siguientes elementos forma parte del triángulo del fuego?**
   a) Radiación
   b) **Combustible**
   c) Vibración
   d) Ruido

2. **¿Qué se entiende por riesgo laboral?**
   a) Cualquier herramienta que pueda usarse mal
   b) Una enfermedad contraída en el trabajo
   c) **La probabilidad de que un peligro cause un daño en condiciones determinadas**
   d) Un accidente con baja médica

3. **¿Cuál de las siguientes vías NO es habitual en la absorción de sustancias químicas en el cuerpo?**
   a) Inhalación
   b) **Contacto con la ropa**
   c) Ingestión
   d) Contacto dérmico

4. **¿Qué tipo de radiaciones tienen capacidad de ionizar átomos?**
   a) Infrarrojas
   b) Microondas
   c)) Ultravioleta tipo A
   d) **Rayos gamma**

5. **¿Qué medida es más adecuada para prevenir los sobreesfuerzos al levantar cargas?**
   a) Sujetar siempre las cargas desde la base
   b) **Flexionar las rodillas y mantener la espalda recta**
   c) Levantar con rapidez para evitar esfuerzo
   d) Pedir ayuda solo si la carga es superior a 50 kg

6. **¿Qué elemento de protección se recomienda para manipular sustancias corrosivas?**
   a) Guantes de tela
   b) Zapatos antideslizantes
   c) **Guantes resistentes a productos químicos**
   d) Casco de seguridad

7. **Una herramienta con mango deteriorado puede considerarse un:**
   a) **Peligro material**
   b) Riesgo psicosocial
   c) Riesgo ergonómico
   d) Equipo de protección

8. **¿Qué efecto puede causar la exposición prolongada al ruido superior a 85 dB?**
   a) Dolor lumbar
   b) Ceguera temporal
   c) **Sordera o pérdida auditiva**
   d) Irritación cutánea

9. **¿Cuál de los siguientes es un ejemplo de riesgo eléctrico por contacto indirecto?**
   a) Tocar una toma de corriente con el dedo
   b) **Tocar el chasis de una máquina que ha perdido el aislamiento**
   c) Electrocución por rayo
   d) Manipular pilas domésticas

10. **¿Qué herramienta puede utilizarse para estimar la magnitud de un riesgo laboral?**
   a) Medidor de luz
   b) Cuadro de enfermedades profesionales
   c) Hoja de mantenimiento
   d) **Matriz de evaluación de riesgos**

5

MEDIDAS PREVENTIVAS Y DE PROTECCIÓN

Una vez identificados los riesgos presentes en el entorno laboral, evaluada su magnitud y analizadas sus posibles consecuencias, es necesario adoptar **medidas preventivas y de protección** que eliminen o reduzcan estos riesgos a niveles aceptables. La acción preventiva no debe limitarse a la reacción ante los accidentes, sino que debe centrarse en la **anticipación y el control de las condiciones peligrosas**.

Este capítulo aborda los distintos tipos de medidas preventivas que pueden implantarse en el lugar de trabajo, clasificándolas según su función: **medidas colectivas, equipos de protección individual (EPIs), señalización de seguridad, planes de emergencia, primeros auxilios y criterios ergonómicos**. La combinación adecuada de estas medidas, junto con la formación e implicación de los trabajadores, permite consolidar un entorno laboral seguro, saludable y productivo.

En todos los casos, debe seguirse el **principio de prioridad**: primero eliminar el riesgo, luego aplicar medidas colectivas, y solo si es estrictamente necesario, recurrir a la protección individual. El objetivo es intervenir en el origen del riesgo, no únicamente en sus consecuencias.

5.1 MEDIDAS DE PROTECCIÓN COLECTIVA

Las **medidas de protección colectiva** son aquellas que actúan **simultáneamente sobre todos los trabajadores expuestos a un riesgo**, sin necesidad de que cada uno de ellos adopte una conducta específica o utilice equipos individuales. Estas medidas se consideran prioritarias en cualquier estrategia preventiva, ya que **intervienen directamente sobre el foco del peligro o su propagación**, y no dependen de la conducta individual del trabajador.

Su correcta implantación contribuye de forma significativa a la **reducción de accidentes y daños a la salud**, especialmente en entornos con riesgos mecánicos, eléctricos, químicos, acústicos o derivados de caídas a distinto nivel. Además, en muchos casos, forman parte del diseño estructural de las instalaciones, por lo que su evaluación debe realizarse desde la fase inicial de planificación de los procesos y espacios de trabajo.

En los siguientes apartados se analizarán los distintos tipos de medidas colectivas, sus aplicaciones prácticas y su integración dentro del sistema general de prevención.

5.1.1 Instalaciones y dispositivos de seguridad

Las **instalaciones y dispositivos de seguridad** forman parte esencial de las **medidas de protección colectiva**, ya que están diseñados para **eliminar, minimizar o controlar riesgos en el entorno laboral** antes de que afecten directamente a los trabajadores. A diferencia de los equipos de protección individual (EPIs), estos elementos **actúan sobre el conjunto de personas expuestas al riesgo**, sin requerir una acción voluntaria por parte de cada trabajador.

Estos dispositivos y sistemas deben ser **eficaces, visibles, accesibles y mantenidos en condiciones óptimas**. Su diseño e instalación deben ajustarse a la normativa vigente y adaptarse a las características del centro de trabajo y de los procesos que allí se desarrollan.

¿Qué se entiende por dispositivo o instalación de seguridad?

Se considera instalación o dispositivo de seguridad a **todo elemento técnico incorporado al entorno de trabajo o a las máquinas**, cuyo fin sea:

- **Proteger frente a un riesgo específico.**

- **Limitar la exposición a condiciones peligrosas.**

- **Prevenir el acceso a zonas peligrosas.**

- **Permitir una parada rápida o controlada en caso de emergencia.**

Entre los tipos principales de instalaciones y dispositivos de seguridad se distinguen:

1. **Protecciones físicas fijas o móviles:**
   - **Resguardos fijos**: cubren permanentemente zonas peligrosas de maquinaria (ej. engranajes, sierras circulares).
   - **Resguardos móviles con enclavamiento**: solo permiten el acceso cuando la máquina está parada.

(i) **Ejemplo**

Una prensa hidráulica debe estar equipada con un resguardo que impida introducir las manos mientras esté en funcionamiento.

2. **Dispositivos de parada de emergencia:**
   - Botones de **"parada de emergencia"** de gran tamaño y color rojo, accesibles fácilmente por el operario.
   - Cables o barras de seguridad en máquinas de gran longitud.
   - Interruptores de hombre muerto (en maquinaria móvil).

La parada de emergencia **no debe utilizarse como parada habitual de la máquina**, solo en situaciones de riesgo inminente.

3. **Sistemas de enclavamiento y bloqueo:**

- Impiden el acceso a zonas peligrosas hasta que cesa el movimiento o la energía de la máquina.
- Combinan elementos mecánicos, eléctricos o electrónicos.
- Se utilizan, por ejemplo, en **puertas de acceso a zonas robotizadas o cabinas de ensayo**.

4. **Sistemas de ventilación y extracción localizada:**

- Instalaciones destinadas a **captar contaminantes en el origen**, como humos, vapores, gases o polvo.
- Se utilizan en soldaduras, laboratorios, trabajos con disolventes o procesos que generan partículas.

ⓘ **Ejemplo**

En una cabina de pintura industrial, se instala un sistema de extracción localizada para evitar la inhalación de compuestos orgánicos volátiles (COVs).

5. **Sistemas anticaídas:**

- **Barandillas, redes de seguridad, líneas de vida, plataformas antideslizantes**, etc.
- Utilizados en trabajos en altura, tejados, andamios, cubiertas o espacios elevados.

6. **Sistemas de protección frente a incendios:**

- **Extintores, rociadores automáticos, detectores de humo o calor, BIEs (bocas de incendio equipadas).**

- Estas instalaciones deben estar claramente señalizadas, revisadas periódicamente y ser accesibles en todo momento.

7. **Dispositivos de control de acceso:**
   - Limitan la entrada a zonas de riesgo a personal no autorizado.
   - Pueden ser físicos (puertas con cerradura, torniquetes) o electrónicos (lectores de tarjeta, sensores).

¿Cuáles deben ser los criterios para la implantación de dispositivos de seguridad?

▶ **Evaluación del riesgo**: identificar los puntos críticos donde puede producirse un accidente.

▶ **Adaptación al entorno y al proceso**: considerar las características del lugar, tipo de actividad y exposición del personal.

▶ **Compatibilidad con el funcionamiento del equipo**: sin impedir la operatividad ni fomentar manipulaciones inseguras.

▶ **Cumplimiento normativo**: instalación conforme a normas nacionales e internacionales (normas UNE, ISO, directivas europeas…).

▶ **Mantenimiento y revisión periódica**: los dispositivos deben conservar su eficacia durante toda su vida útil.

ⓘ **Nota**

La falta de mantenimiento de un sistema de seguridad es equiparable a su inexistencia, ya que puede generar una falsa sensación de protección.

Los dispositivos de seguridad deben ser considerados parte integrante de la **planificación preventiva**, y su existencia debe reflejarse en:

▶ **La evaluación de riesgos.**
▶ **La formación de los trabajadores.**
▶ **Los planes de mantenimiento preventivo.**
▶ **Los procedimientos de actuación en caso de avería o fallo.**

5.1.2 Aislamientos, barreras y sistemas de ventilación

Dentro de las **medidas de protección colectiva**, los **aislamientos, barreras** y **sistemas de ventilación** desempeñan un papel esencial para **reducir o eliminar la exposición directa a riesgos físicos, químicos o biológicos**. Estos elementos actúan sobre el entorno de trabajo y permiten controlar el riesgo **en su origen o en su trayectoria**, antes de que alcance al trabajador.

Su eficacia depende en gran medida de una correcta **evaluación del riesgo**, del diseño técnico de los sistemas y de su **integración en la planificación preventiva**. Su uso está muy extendido en entornos industriales, laboratorios, talleres, almacenes y zonas de producción, aunque también se aplican en oficinas, cocinas profesionales, áreas sanitarias y otros sectores.

Aislamientos

El **aislamiento** consiste en **separar físicamente al trabajador del foco de riesgo**. Esta medida evita el contacto directo con el agente peligroso (mecánico, eléctrico, térmico, biológico, etc.) mediante **elementos estructurales o envolventes**.

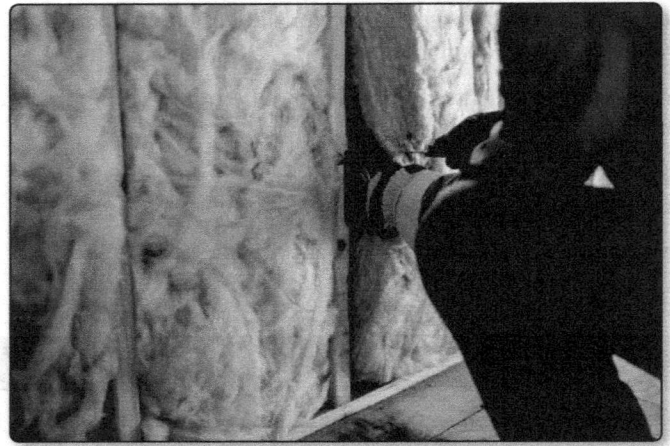

Los tipos de aislamiento son:

▶ **Aislamiento de zonas peligrosas**: mediante cerramientos, mamparas, casetas o cabinas.

▶ **Aislamiento acústico**: uso de materiales absorbentes o cámaras insonorizadas para reducir la exposición al ruido.

▶ **Aislamiento térmico**: en procesos con temperaturas extremas (hornos, cámaras frigoríficas), mediante paredes aislantes o paneles especiales.

▶ **Aislamiento electromagnético o radiactivo**: en instalaciones que generan campos de radiación, mediante apantallamiento o blindaje.

ⓘ Ejemplo

Una cabina de soldadura instalada dentro de una nave industrial protege al resto del personal de radiación ultravioleta, chispas y humos generados en el proceso.

Barreras

Las **barreras** son elementos físicos colocados entre el trabajador y el riesgo para **limitar el acceso a zonas peligrosas o contener posibles proyecciones, fugas o contactos involuntarios**. No eliminan el riesgo, pero sí evitan la exposición directa.

Los tipos de barreras son:

- **Barreras perimetrales**: vallas, barandillas, mallas o redes que delimitan zonas de maquinaria o alturas.

- **Protecciones móviles o abatibles**: integradas en maquinaria, con sistemas de enclavamiento o sensores de apertura.

- **Barreras de contención**: paredes de retención para líquidos o materiales peligrosos (por ejemplo, en depósitos de productos químicos).

- **Barreras visuales o señaléticas**: cintas, conos, carteles, líneas en el suelo que advierten de zonas restringidas o peligrosas.

ⓘ Importante

Las barreras deben estar fijadas correctamente, señalizadas y mantenidas en buen estado, ya que su deterioro puede generar un falso sentido de seguridad.

Sistemas de ventilación

Los **sistemas de ventilación** tienen como objetivo **renovar el aire del entorno de trabajo y eliminar contaminantes en suspensión**, como vapores, humos, gases o partículas. Su presencia es esencial para garantizar una **atmósfera laboral saludable**, especialmente en espacios cerrados o en procesos industriales.

Los tipos de ventilación son:

1. **Ventilación general (o dilución):**
   - Consiste en renovar el aire de todo el espacio de forma uniforme.
   - Puede ser natural (ventanas, rejillas) o forzada (sistemas mecánicos con extractores e inyectores).
   - Es útil para contaminantes de baja peligrosidad y concentración moderada.

2. **Ventilación localizada (o de captación en origen):**
   - Consiste en capturar contaminantes directamente en el punto donde se generan.
   - Se realiza mediante **campanas, brazos articulados, cabinas de extracción o vitrinas**.
   - Es mucho más eficaz que la ventilación general para proteger al trabajador.

ⓘ Ejemplo

En un laboratorio químico, se utiliza una campana extractora para manipular ácidos, evitando la inhalación de vapores corrosivos.

Además, deben tenerse en cuenta ciertas consideraciones técnicas:

- La ventilación debe diseñarse según la **naturaleza del contaminante** y su **nivel de toxicidad**.

- Debe evitar la **recirculación de aire contaminado**.

- Requiere **mantenimiento regular**, limpieza de filtros y verificación del caudal de aire.

- Es fundamental que no genere **corrientes molestas o interferencias térmicas** para los trabajadores.

Por último, los aislamientos, barreras y sistemas de ventilación deben estar:

- **Integrados en el diseño del puesto de trabajo o del proceso productivo.**

- **Señalizados adecuadamente** si delimitan zonas de peligro o requieren autorización para su acceso.

- **Complementados con otras medidas preventivas**, como procedimientos de trabajo seguros o formación del personal.

5.2 EQUIPOS DE PROTECCIÓN INDIVIDUAL (EPIS)

Cuando los riesgos laborales **no pueden evitarse ni controlarse suficientemente mediante medidas colectivas, técnicas u organizativas**, es necesario recurrir a los **Equipos de Protección Individual (EPIs)**. Estos elementos constituyen una **última barrera de defensa**, destinada a proteger al trabajador frente a uno o varios riesgos específicos que puedan amenazar su seguridad o salud.

El uso de EPIs es común en numerosos sectores, como la construcción, la industria, la sanidad, la agricultura o los servicios de emergencia. No obstante, para que su uso sea realmente eficaz, deben **elegirse adecuadamente, emplearse correctamente y mantenerse en buen estado**.

5.2.1 Tipos y características

Los **EPIs** se clasifican en función de la parte del cuerpo que protegen y del tipo de riesgo al que están destinados. Deben cumplir con la **normativa vigente** (marcado CE y requisitos del Reglamento (UE) 2016/425) y seleccionarse conforme a la **evaluación de riesgos del puesto de trabajo**.

A continuación, se describen los principales tipos de EPIs, junto con sus características más relevantes:

a) **Protección de la cabeza:**
- **Cascos de seguridad**: protegen contra impactos, caída de objetos o contactos eléctricos.
- **Gorros y cofias**: utilizados en entornos higiénico-sanitarios o alimentarios.

Sus características clave son: resistencia al impacto, confort, ajuste regulable, materiales no conductores (si hay riesgo eléctrico).

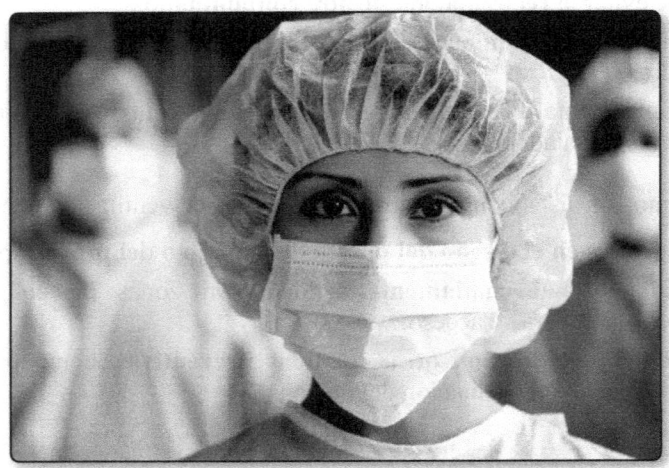

b) **Protección ocular y facial:**
- **Gafas de seguridad**: contra partículas, chispas, salpicaduras químicas o radiación óptica.
- **Pantallas faciales**: protegen todo el rostro frente a proyecciones o calor radiante.
- **Gafas específicas**: para láser, radiación UV, IR o soldadura.

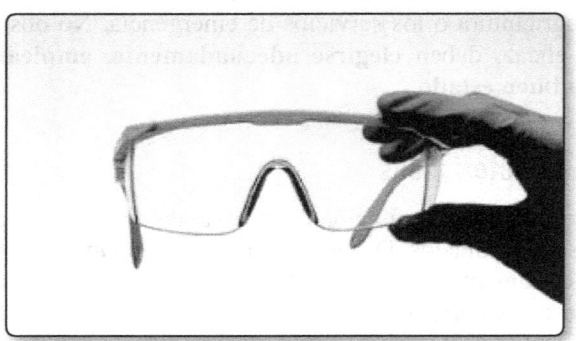

ⓘ Ejemplo

En tareas de soldadura, se deben utilizar pantallas con filtro específico para radiación y protección contra chispas.

c) **Protección respiratoria:**

- **Mascarillas filtrantes (FFP1, FFP2, FFP3)**: contra partículas sólidas y aerosoles.
- **Semimáscaras y máscaras completas**: con filtros intercambiables para gases, vapores o partículas.
- **Equipos de aire autónomos**: en atmósferas peligrosas o con deficiencia de oxígeno.

El tipo de filtro debe elegirse según el **agente contaminante**: orgánico, inorgánico, amoníaco, partículas, etc.

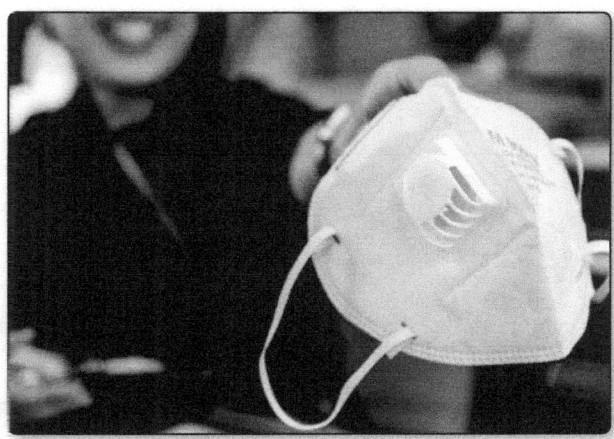

d) **Protección auditiva:**

- **Tapones auditivos**: desechables o reutilizables, insertados en el canal auditivo.
- **Orejeras**: cubren el pabellón auricular, de uso externo.
- **Sistemas activos con reducción electrónica**: para trabajos intermitentes con ruido variable.

ⓘ Ejemplo

En una fábrica donde se superan los 85 dB, el uso de protectores auditivos es obligatorio para prevenir pérdida auditiva.

e) **Protección de las manos:**

- **Guantes de protección**: contra riesgos mecánicos, químicos, térmicos, eléctricos, biológicos o de corte.
- Materiales comunes: cuero, látex, nitrilo, neopreno, kevlar, entre otros.

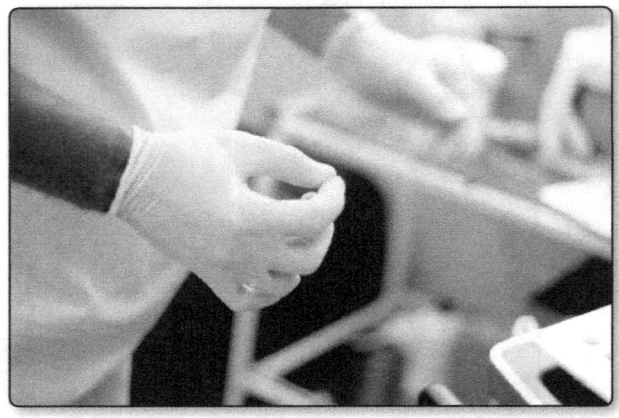

ⓘ Nota

Los guantes deben seleccionarse según el tipo de riesgo y no deben reducir la destreza ni sensibilidad táctil de forma significativa.

f) **Protección del cuerpo:**

- **Ropa de trabajo**: protección básica frente a suciedad, rozaduras o riesgos leves.
- **Ropa ignífuga o resistente al calor**: para soldadores, fundiciones, etc.
- **Ropa química impermeable**: contra salpicaduras de sustancias peligrosas.
- **Monos desechables**: para zonas contaminadas o con riesgo biológico.
- **Chalecos reflectantes**: para trabajos en carretera o en condiciones de baja visibilidad.

g) **Protección de los pies y piernas:**
- **Calzado de seguridad**: con puntera reforzada, suela antideslizante, resistencia a perforaciones o sustancias químicas.
- **Botas dieléctricas**: para trabajos eléctricos.
- **Polainas o perneras**: en tareas con riesgo de quemaduras o cortes.

h) **Protección contra caídas en altura:**
- **Arneses de seguridad**: distribuyen el peso del cuerpo en caso de caída.
- **Cinturones de sujeción o posicionamiento.**
- **Elementos de amarre con absorbedores de energía.**
- **Líneas de vida y dispositivos anticaídas.**

> **ⓘ Ejemplo**
>
> Un trabajador que realiza tareas en cubiertas debe utilizar arnés con doble anclaje y línea de vida, además de formación específica en prevención de caídas.

Un equipo de protección individual debe cumplir las siguientes condiciones para ser efectivo:

- **Adecuación al riesgo y al trabajador.**
- **Certificación y marcado CE.**
- **Compatibilidad con otros EPIs si se utilizan simultáneamente.**
- **Comodidad y facilidad de uso.**
- **Mantenimiento, limpieza y sustitución regulares.**
- **Instrucciones claras de uso y conservación.**

Por último, es importante recordar que el uso de un EPI **no debe generar nuevos riesgos**, como pérdida de visibilidad, fatiga excesiva o dificultad de movimiento.

5.2.2 Normativa y señalización asociada

El uso de **Equipos de Protección Individual (EPIs)** está regulado por un marco normativo específico que establece las **obligaciones legales tanto para las empresas como para los trabajadores**, así como los **requisitos técnicos que deben cumplir los equipos** para garantizar su eficacia y seguridad. Además, la correcta **señalización en el lugar de trabajo** es esencial para indicar de forma clara y visible cuándo y dónde es obligatorio el uso de estos equipos.

La normativa y la señalización asociadas a los EPIs constituyen una herramienta fundamental dentro del sistema preventivo, ya que aseguran que **los equipos sean adecuados, estén certificados y se utilicen correctamente**, además de facilitar su identificación y aplicación inmediata.

Normativa sobre Equipos de Protección Individual

Distinguimos la normativa europea y la española:

1. **Normativa europea:**
   - **Reglamento (UE) 2016/425**, relativo a los EPI:
     - Establece los requisitos esenciales de salud y seguridad que deben cumplir los EPIs comercializados en la Unión Europea.
     - Sustituyó a la anterior Directiva 89/686/CEE.
     - Clasifica los EPIs en **tres categorías** según el nivel de riesgo:

Categoría	Nivel de riesgo	Ejemplos
I	Riesgos mínimos	Guantes de jardinería, gafas contra polvo no agresivo.
II	Riesgos intermedios	Cascos, gafas de seguridad, calzado de seguridad.
III	Riesgos graves o irreversibles	EPIs contra caídas, riesgos químicos graves, agentes biológicos.

   - Requiere **ensayos, certificaciones y control de calidad** por organismos notificados.

2. **Normativa española:**
   - **Real Decreto 773/1997**, sobre disposiciones mínimas de seguridad y salud relativas a la utilización por los trabajadores de los EPIs:
     - Obliga al empresario a:
       - Proporcionar EPIs **adecuados al riesgo**, sin coste para el trabajador.
       - Asegurar su **uso correcto**, con formación e información previa.
       - Garantizar su **mantenimiento, limpieza y sustitución**.
       - Consultar a los representantes de los trabajadores.
     - Establece criterios para la selección, utilización, compatibilidad y almacenamiento de EPIs.

ⓘ **Importante**

El empresario no puede sustituir medidas colectivas o técnicas por EPIs de forma generalizada. El EPI debe ser el último recurso cuando el riesgo no se puede evitar por otros medios.

Señalización asociada al uso de EPIs

La **señalización de seguridad** cumple una función informativa y preventiva: **indicar la obligación de utilizar determinados EPIs en zonas o tareas específicas**. Esta señalización debe ser **clara, visible, permanente y comprensible,** incluso para personas no familiarizadas con el idioma.

La normativa aplicable en este caso es la siguiente:

- **Real Decreto 485/1997**, sobre disposiciones mínimas en materia de señalización de seguridad y salud en el trabajo.

- **Normas UNE EN ISO 7010**, que estandarizan los símbolos gráficos para una identificación universal.

¿Cuáles son las características de las señales de uso obligatorio?

- **Forma**: circular.
- **Color de fondo**: azul.
- **Pictograma blanco** representando el EPI correspondiente.
- **Borde blanco (opcional en algunos casos)**.

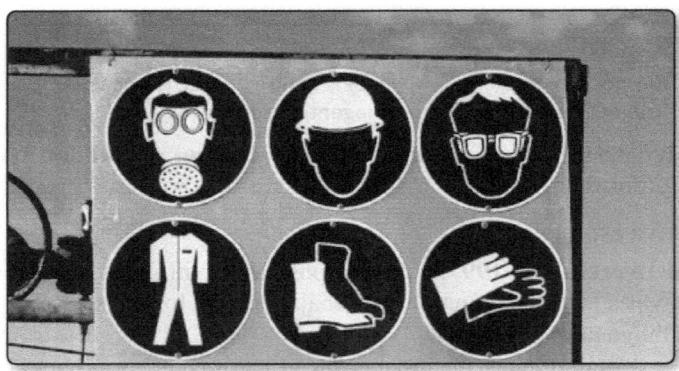

ⓘ Ejemplo

En un área de almacenaje con riesgo de caída de objetos desde estanterías altas, se coloca una señal de uso obligatorio de casco. Esta señal está situada a la entrada del recinto, a una altura visible y sin obstáculos.

¿Cuáles son las obligaciones del empresario respecto a la normativa y señalización?

1. **Evaluar los riesgos** para determinar los EPIs necesarios.
2. **Seleccionar EPIs certificados**, con marcado CE visible.

3. **Formar e informar** a los trabajadores sobre el uso correcto, riesgos asociados y mantenimiento.

4. **Supervisar el uso efectivo** en las zonas señalizadas como obligatorias.

5. **Mantener la señalización** visible, actualizada y en buen estado.

5.2.3 Uso, mantenimiento y responsabilidad

El uso de **Equipos de Protección Individual (EPIs)** solo es verdaderamente efectivo si va acompañado de un correcto **mantenimiento, almacenamiento y control**, así como de una clara asignación de **responsabilidades** entre la empresa y los trabajadores. No basta con entregar el EPI; es imprescindible asegurar que se **utiliza adecuadamente, se conserva en buen estado y se sustituye cuando sea necesario.**

El cumplimiento de estas condiciones contribuye directamente a **reducir accidentes y enfermedades profesionales**, además de evitar sanciones por incumplimientos legales. Este apartado aborda los aspectos clave relacionados con el uso correcto, el mantenimiento y la responsabilidad compartida en relación con los EPIs.

Uso correcto de los EPIs

Para que un EPI proteja eficazmente, debe:

- **Utilizarse en todo momento** mientras dure la exposición al riesgo.
- **Colocarse y ajustarse correctamente** según las instrucciones del fabricante.
- Ser **compatible con otros EPIs**, si se usan varios simultáneamente.
- Estar **adaptado a la fisionomía del trabajador** (talla, forma, necesidades especiales).

ⓘ Ejemplo

Un trabajador debe usar mascarilla FFP2 en ambientes con polvo en suspensión. Si no la ajusta bien a su rostro, el EPI pierde eficacia, y la protección respiratoria se ve comprometida.

Entre los factores que dificultan el uso adecuado destacan:

- Desconocimiento del riesgo.
- Falta de formación sobre el uso del equipo.
- Incomodidad o sensación de limitación.
- Cultura de trabajo que minimiza la importancia de los EPIs.
- Falta de supervisión.

 Nota

El uso incorrecto de un EPI puede ser tan peligroso como no llevarlo.

Mantenimiento, limpieza y almacenamiento

Los EPIs requieren una **vigilancia constante de su estado**, especialmente si están sometidos a desgaste o exposición a contaminantes. El mantenimiento debe realizarse conforme a las **instrucciones del fabricante** y a la **evaluación de riesgos del puesto de trabajo**.

El mantenimiento preventivo se basa en:

- ▶ Revisión diaria del estado antes y después del uso.

- ▶ Sustitución de piezas deterioradas o componentes de un solo uso (filtros, almohadillas, correas…).

- ▶ Reparación solo por personal cualificado o técnico autorizado.

- ▶ Registro de inspecciones y sustituciones, especialmente para EPIs de categoría III (riesgos mortales o irreversibles).

Con respecto a la limpieza:

- ▶ Debe realizarse con los **productos y métodos recomendados** por el fabricante.

- ▶ Se deben evitar productos abrasivos o corrosivos que degraden el material.

- ▶ En EPIs compartidos, la limpieza **debe ser rigurosa** antes de su reutilización.

Por su parte, en lo relativo al almacenamiento:

- ▶ En lugares **limpios, secos, ventilados y protegidos** de la luz directa, el calor, la humedad y contaminantes.

- ▶ Evitar el contacto con aceites, disolventes o fuentes de calor.

- ▶ Guardarlos en **envases originales o compartimentos adecuados** que mantengan su integridad.

(i) Ejemplo

Un arnés de seguridad guardado en un espacio húmedo y mal ventilado puede deteriorarse, perdiendo resistencia sin que el usuario lo detecte visualmente.

Responsabilidad en el uso de EPIs

La responsabilidad en materia de EPIs es **compartida entre la empresa y los trabajadores**, cada uno con obligaciones bien definidas por la normativa.

Según el **Real Decreto 773/1997**, el empresario debe:

▶ Proporcionar los EPIs **de forma gratuita**.

▶ Asegurar que los EPIs sean **adecuados al riesgo, al trabajador y a las condiciones del lugar de trabajo**.

▶ **Formar e informar** a los trabajadores sobre su uso correcto.

▶ **Supervisar** que los EPIs se usen correctamente.

▶ **Sustituirlos o mantenerlos** cuando estén deteriorados.

▶ Garantizar la **limpieza, desinfección y almacenamiento** adecuados.

ⓘ Importante

El empresario no puede delegar la obligación de proporcionar EPIs ni cargar su coste al trabajador, ni siquiera parcialmente.

Por su parte, el trabajador también tiene obligaciones derivadas del artículo 29 de la **Ley de Prevención de Riesgos Laborales**:

▶ Usar los EPIs proporcionados de forma **correcta y responsable**.

▶ **Cuidar y conservar** los equipos que se le han asignado.

▶ Comunicar cualquier **anomalía, deterioro o mal funcionamiento**.

▶ No modificar ni inutilizar los dispositivos de seguridad del EPI.

▶ Participar en las **actividades formativas** relacionadas con su uso.

ⓘ Ejemplo

Si un trabajador no informa de un guante roto al finalizar su turno, puede comprometer la seguridad del compañero que lo utilice posteriormente.

Además, la empresa debe establecer un **sistema de control del uso de los EPIs**, que incluya:

▶ Verificaciones rutinarias del cumplimiento del uso obligatorio.

▶ Mecanismos para **registrar la entrega, revisión y sustitución** de EPIs.

▶ Procedimientos de **seguimiento y corrección** en caso de incumplimientos.

5.3 SEÑALIZACIÓN DE SEGURIDAD EN EL ENTORNO LABORAL

La **señalización de seguridad** es un recurso preventivo fundamental para **informar, advertir u orientar a los trabajadores sobre la presencia de riesgos, la localización de equipos de emergencia o la obligación de adoptar ciertas medidas de protección**. Aunque no elimina el peligro, **complementa otras medidas preventivas** reforzando la concienciación, reduciendo la exposición y favoreciendo una actuación segura.

La normativa vigente establece criterios estandarizados para el diseño, instalación y mantenimiento de señales de seguridad, de modo que sean fácilmente **reconocibles, comprensibles y visibles para todos los trabajadores**, independientemente de su experiencia, idioma o nivel formativo.

5.3.1 Clasificación de señales

Las señales de seguridad se **clasifican por su función** y se representan mediante **formas geométricas, colores específicos y pictogramas normalizados**. Esta codificación facilita su rápida interpretación en situaciones de riesgo o emergencia.

La clasificación oficial se basa en el **Real Decreto 485/1997**, que establece las disposiciones mínimas en materia de señalización de seguridad y salud en el trabajo, en armonía con la normativa europea.

Señales de obligación

Indican una **acción obligatoria** para el trabajador, normalmente relacionada con el uso de equipos de protección individual o comportamientos seguros.

- **Forma:** circular.
- **Color de fondo:** azul.
- **Pictograma:** blanco.

Algunos ejemplos son:

- Uso obligatorio de casco.
- Uso obligatorio de guantes.
- Uso obligatorio de protección ocular.

Señales de prohibición

Indican que está **prohibida una acción peligrosa**, con el fin de evitar conductas inseguras que puedan causar accidentes.

- ▶ **Forma:** circular
- ▶ **Color de fondo:** blanco.
- ▶ **Borde y banda diagonal:** rojo.
- ▶ **Pictograma:** negro.

Algunos ejemplos pueden ser:

- ▶ Prohibido fumar.
- ▶ Prohibido el paso a personas no autorizadas.
- ▶ Prohibido usar teléfonos móviles en áreas con riesgo de explosión.

Señales de advertencia

Advierten sobre la **presencia de un peligro o riesgo concreto**, permitiendo al trabajador extremar las precauciones en la zona señalizada.

- ▶ **Forma:** triangular.
- ▶ **Color de fondo:** amarillo.
- ▶ **Borde:** negro.
- ▶ **Pictograma:** negro.

Ejemplos de estas son:

- ▶ Peligro eléctrico.
- ▶ Riesgo de caída.
- ▶ Sustancias tóxicas o inflamables.

Señales de salvamento o emergencia

Indican la **ubicación de salidas de emergencia, equipos de primeros auxilios, duchas o lavaojos**, entre otros elementos destinados a proteger o socorrer a las personas.

- ▶ **Forma:** rectangular o cuadrada.
- ▶ **Color de fondo:** verde.
- ▶ **Pictograma:** blanco.

Algunos ejemplos destacables son:

- ▶ Salida de emergencia.
- ▶ Primeros auxilios.
- ▶ Dirección hacia una zona segura.

Señales de lucha contra incendios

Indican la **localización de medios de extinción o equipos contra incendios**, facilitando una actuación rápida en caso de fuego.

- ▶ **Forma:** rectangular o cuadrada.
- ▶ **Color de fondo:** rojo.
- ▶ **Pictograma:** blanco.

¿Cuáles son ejemplos de estas señales?

- Extintor.
- BIE (boca de incendio equipada).
- Pulsador de alarma contra incendios.

Señales luminosas y acústicas

Son señales **visuales (luces) o sonoras (sirenas, alarmas)** que advierten de una situación de emergencia o activación de un riesgo puntual. Se utilizan especialmente en maquinaria, sistemas automáticos o evacuaciones.

Deben utilizarse **solo cuando sea necesario**, para evitar la desensibilización de los trabajadores ante alarmas frecuentes sin justificación.

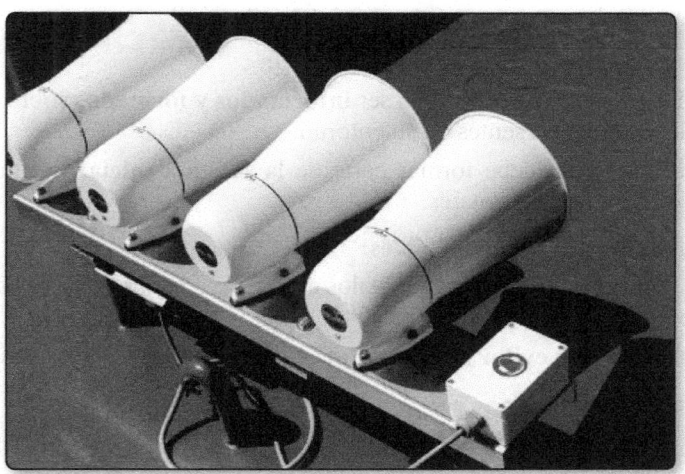

Señales verbales y gestuales

Se utilizan cuando no es posible utilizar señales visuales (por ejemplo, en trabajos de elevación o maniobra con grúas) y requieren **formación previa** para su correcta interpretación.

- Señales **verbales**: instrucciones habladas.
- Señales **gestuales**: realizadas con los brazos y manos, generalmente por un señalista designado.

5.3.2 Interpretación y ubicación

Para que la **señalización de seguridad en el entorno laboral** cumpla su función preventiva, no basta con colocar señales: es imprescindible que estas **sean comprendidas**

por todos los trabajadores (interpretación) y que se encuentren **situadas en los lugares adecuados** (ubicación). Una señal mal entendida o colocada puede generar confusión, ignorarse o incluso agravar una situación de riesgo.

Este apartado analiza los criterios esenciales para asegurar que la señalización sea **eficaz, visible y funcional**, ayudando a prevenir accidentes y a mejorar la respuesta ante situaciones de emergencia.

Interpretación de las señales de seguridad

Las señales deben ser **claras, inequívocas y comprensibles**, independientemente del idioma o nivel cultural de los trabajadores. Por ello, su diseño sigue **normas normalizadas** con símbolos universales y colores estandarizados que permiten su **identificación visual inmediata**.

¿Cuáles son las claves para una correcta interpretación?

1. **Formación y sensibilización del personal:**
   - Todos los trabajadores deben ser **informados y formados** sobre el significado de las señales presentes en su entorno.
   - Esta formación debe formar parte de la **acogida inicial** y actualizarse si se introducen nuevas señales.

2. **Uso de pictogramas reconocibles:**
   - Las señales deben utilizar símbolos conforme a la norma **UNE-EN ISO 7010**, que homologa los pictogramas para evitar malinterpretaciones.
   - Se recomienda **evitar señales improvisadas** o con textos extensos.

3. **Coherencia en el uso:**
   - No debe haber **duplicidades, señales contradictorias o mal ubicadas**.
   - Las señales deben transmitir un único mensaje de forma **inmediata y sin ambigüedades**.

ⓘ Ejemplo

Una señal circular azul con un pictograma de casco transmite de forma inequívoca la obligación de uso de casco de seguridad. No debe sustituirse por un cartel con texto escrito en varios idiomas, ya que eso ralentiza la interpretación.

Criterios de ubicación de las señales

La ubicación correcta de las señales es tan importante como su diseño. Una señal mal colocada puede **pasar desapercibida o resultar ineficaz** en una situación de emergencia.

¿Cuáles son los requisitos básicos de ubicación?

1. **Visibilidad directa:**
   - La señal debe colocarse en un lugar **visible desde el punto de riesgo o desde la entrada a la zona peligrosa**.
   - Debe situarse a una altura y distancia que permita su visualización sin obstáculos.

2. **Proximidad al riesgo:**
   - Cuanto más cercano esté el trabajador al riesgo, más precisa y específica debe ser la señal.
   - Si el riesgo es puntual (máquina, zona de carga), la señal debe estar **adherida o colocada justo en la entrada o sobre el equipo**.

3. **Buena iluminación:**
   - Las señales deben ser **claramente visibles tanto de día como de noche**, o en condiciones de baja visibilidad.
   - Si es necesario, deben estar retroiluminadas o complementadas con **iluminación de emergencia**.

4. **Altura adecuada:**
   - En general, las señales deben colocarse a una altura de entre **1,5 y 2,2 metros**, dependiendo del entorno y la línea de visión del trabajador.

5. **Espacios sin obstáculos:**
   - Deben situarse en lugares libres de **objetos, maquinaria o mobiliario** que impidan su visión.
   - No deben estar colocadas en puertas que se abren, cristales sin fondo o estructuras inestables.

6. **Compatibilidad con otras señales:**

- En zonas donde haya múltiples señales, se deben organizar de forma que no se **sature visualmente** al trabajador.

- Deben mantener **coherencia visual** con la señalización vial, de evacuación y de prevención de riesgos.

Por otro lado, la efectividad de una señal también depende de su **estado de conservación**:

▶ Deben estar **limpias, sin daños ni desgastes** que dificulten su lectura.

▶ En zonas exteriores o expuestas a agentes químicos, deben fabricarse con materiales resistentes.

▶ Deben revisarse periódicamente para comprobar su **vigencia, visibilidad y adecuación** a los riesgos actuales.

Resulta importante recordar que cualquier **cambio en los procesos, en la distribución de espacios o en los riesgos identificados** requiere una **revisión y posible reubicación de la señalización**.

5.3.3 Integración con otras medidas preventivas

La **señalización de seguridad** no debe considerarse una medida aislada ni sustitutiva de otras acciones preventivas, sino una **herramienta complementaria** dentro del conjunto de actuaciones encaminadas a eliminar o reducir los riesgos laborales. Su eficacia depende de su **correcta integración con las medidas técnicas, organizativas y formativas**, dentro de una estrategia de prevención coherente y global.

El valor real de la señalización reside en su capacidad para **reforzar comportamientos seguros, guiar respuestas ante situaciones peligrosas y apoyar la aplicación de normas de seguridad existentes**, siempre en coordinación con otras medidas más directas, como el uso de Equipos de Protección Individual (EPIs), la instalación de protecciones colectivas o la formación del personal.

La señalización como parte del sistema de prevención

La señalización debe formar parte del **plan de prevención de riesgos laborales** y estar integrada en:

▶ **La evaluación de riesgos**: identificando dónde es necesario colocar señales y de qué tipo.

▶ **La planificación de la actividad preventiva**: estableciendo la colocación, revisión y mantenimiento de las señales.

▶ **Los procedimientos de emergencia y evacuación**: guiando a las personas hacia salidas, zonas seguras o equipos de intervención.

▼ **Las instrucciones de trabajo y procedimientos operativos**: indicando zonas restringidas, uso obligatorio de EPIs o prohibiciones específicas.

Nota

La señalización no elimina el riesgo por sí sola; simplemente advierte o recuerda que existe. Por tanto, debe aplicarse después de haber intentado eliminar o reducir el riesgo en su origen.

Coordinación con medidas técnicas

Las señales deben estar **alineadas con las medidas de protección colectiva y los dispositivos de seguridad** instalados en el entorno de trabajo:

▼ Señales de uso obligatorio de casco o guantes en zonas donde se ha identificado el riesgo y no se puede eliminar.

▼ Señales de advertencia de riesgo eléctrico colocadas junto a **instalaciones con protecciones técnicas ya implementadas**.

▼ Señalización de salidas de emergencia que complementa los **planes de evacuación y sistemas de alarma**.

Ejemplo

En una zona con atmósfera explosiva, se instala un sistema de ventilación especial, se utilizan dispositivos antideflagrantes y, además, se colocan señales de "prohibido fumar" y "zona ATEX" visibles y normalizadas.

Relación con medidas organizativas

La señalización también debe integrarse con:

▶ **Normas internas de seguridad**: por ejemplo, señales de acceso restringido o zonas de circulación peatonal.

▶ **Planes de mantenimiento**: que incluyen la revisión de señales deterioradas o mal colocadas.

▶ **Procedimientos de coordinación de actividades empresariales**: para asegurar que **empresas externas** reconozcan y respeten la señalización del centro.

Refuerzo mediante formación e información

Una señal no tiene valor si no es comprendida por quien la ve. Por ello, debe ir acompañada de:

▶ **Formación práctica** sobre su significado, simbología y función.

▶ **Información accesible** en los manuales del trabajador, fichas de seguridad o procedimientos operativos.

▶ Inclusión en **simulacros y ejercicios de emergencia**, para asegurar que los trabajadores reaccionan correctamente ante señales luminosas, acústicas o gráficas.

ⓘ Ejemplo

En un simulacro de incendio, los trabajadores deben estar capacitados para identificar la señal de salida de emergencia, seguir la dirección indicada y acudir al punto de encuentro designado.

Combinación con Equipos de Protección Individual (EPIs)

La señalización relacionada con EPIs debe colocarse en:

▶ Entradas a zonas con riesgo no eliminable.

▶ Puestos de trabajo específicos con exposición a agentes químicos, físicos o biológicos.

▶ Entornos donde exista obligación legal de su uso.

Estas señales **no sustituyen la entrega ni la formación sobre el EPI**, pero **refuerzan su uso y lo convierten en norma visible y comprensible** para todos.

5.4 PLANES DE EMERGENCIA Y EVACUACIÓN

Los **planes de emergencia y evacuación** son instrumentos fundamentales dentro de la gestión preventiva, cuyo objetivo principal es **proteger la vida, la salud y la integridad física de las personas** ante situaciones imprevistas que puedan derivar en accidentes graves, incendios, explosiones, fugas de sustancias peligrosas, colapsos estructurales o cualquier otra emergencia que afecte a la seguridad en el entorno laboral.

Estos planes forman parte de la **planificación de la actividad preventiva** y deben diseñarse **de forma específica para cada centro de trabajo**, teniendo en cuenta sus características físicas, los procesos que se desarrollan, el número de personas presentes, las posibles situaciones de riesgo y los medios de protección disponibles.

5.4.1 Contenido mínimo y estructura

El contenido de un plan de emergencia debe cumplir lo establecido en la normativa vigente, especialmente en el **Real Decreto 393/2007**, por el que se aprueba la Norma Básica de Autoprotección, y en el **Real Decreto 485/1997**, relativo a la señalización de seguridad y salud en el trabajo.

A continuación, se describe la **estructura mínima que debe tener un plan de emergencia**, con sus elementos fundamentales:

a) **Identificación y caracterización del centro de trabajo:**
   - **Datos generales**: nombre de la empresa, dirección, actividad, número de trabajadores, responsable del plan.
   - **Descripción del edificio o instalaciones**: superficie, distribución, accesos, salidas, ubicación de zonas de riesgo (talleres, almacenes, laboratorios…).

b) **Inventario de riesgos y escenarios de emergencia previsibles:**
- Relación de **riesgos identificados** con potencial para generar una situación de emergencia: incendios, fugas tóxicas, explosiones, colapsos, accidentes eléctricos, etc.
- **Valoración de la probabilidad e impacto** de cada escenario.

c) **Organización de la emergencia:**

Define los **roles y responsabilidades** del personal designado para actuar ante una emergencia. Incluye:
- **Equipo de alarma y evacuación**.
- **Equipo de intervención** (si existe formación específica, como extinción de incendios).
- **Equipo de primeros auxilios**.
- **Coordinador de emergencia o jefe de intervención**.
- **Sustituciones y suplencias** en caso de ausencia.

ⓘ Ejemplo

En una oficina con más de 25 personas, se designan dos responsables de evacuación por planta y una persona encargada de activar la alarma y contactar con los servicios de emergencia.

---

d) **Medios materiales disponibles:**
- Inventario y localización de **extintores, bocas de incendio equipadas (BIE), alarmas, pulsadores, detectores de humo y gases, señalización luminosa y sonora, equipos de protección, botiquines, etc.**

- Mantenimiento y revisiones periódicas acreditadas.

e) **Procedimientos de actuación ante emergencias**

Deben establecerse **pasos concretos a seguir** según el tipo de emergencia:

1. **Detección y comunicación del incidente** (quién activa la alarma y cómo se informa).

2. **Activación del plan** (coordinador de emergencia y equipos designados).

3. **Evacuación ordenada**: señalización de rutas, puntos de reunión, atención a personas con movilidad reducida.

4. **Intervención inicial** si procede (extinción, primeros auxilios…).

5. **Aviso a los servicios externos de emergencia** (bomberos, ambulancias, policía).

6. **Control del acceso al centro** durante la emergencia.

Estos procedimientos deben estar redactados de forma **clara, concisa y adaptada** a los trabajadores que deben aplicarlos, considerando posibles situaciones de estrés.

f) **Planos de evacuación y señalización:**
- **Planos en zonas visibles** del centro de trabajo, que incluyan:
  - Rutas de evacuación.
  - Salidas de emergencia.
  - Localización de extintores y equipos de seguridad.
  - Puntos de reunión en el exterior.
  - Ubicación de interruptores generales (luz, gas, etc.).

g) **Formación, simulacros y revisión del plan:**
- **Programación de formación y simulacros** periódicos (al menos uno anual).
- Registro de participantes, incidencias detectadas y mejoras a implementar.
- Procedimiento para la **revisión del plan** ante cambios en la actividad, el personal, la distribución de espacios o los riesgos identificados.

5.4.2 Simulacros y formación

Los **simulacros** y la **formación en planes de emergencia** son dos elementos esenciales para garantizar que todas las personas presentes en un centro de trabajo estén **preparadas para actuar con rapidez, eficacia y seguridad** ante una situación de emergencia real. No basta con disponer de un plan escrito: es imprescindible que se **conozca, se practique y se interiorice**, especialmente en entornos donde los riesgos pueden generar consecuencias graves.

Ambas acciones están contempladas en la **Norma Básica de Autoprotección (Real Decreto 393/2007)** y deben formar parte del sistema preventivo general de la empresa, adaptándose a sus características específicas.

Simulacros de emergencia

Un **simulacro** es una **representación controlada de una situación de emergencia** en la que se ensayan los procedimientos de actuación, evacuación y coordinación establecidos en el plan. Sirve para **poner a prueba la eficacia del plan, detectar deficiencias y mejorar la respuesta de los trabajadores**.

¿Cuáles son los objetivos del simulacro?

- Evaluar el **tiempo de reacción** ante una alarma.
- Verificar el funcionamiento de los **equipos de emergencia**.
- Comprobar la **correcta evacuación** de los ocupantes.
- Identificar puntos de mejora en la **organización y los procedimientos**.
- Familiarizar a los trabajadores con los roles, rutas de evacuación y puntos de reunión.

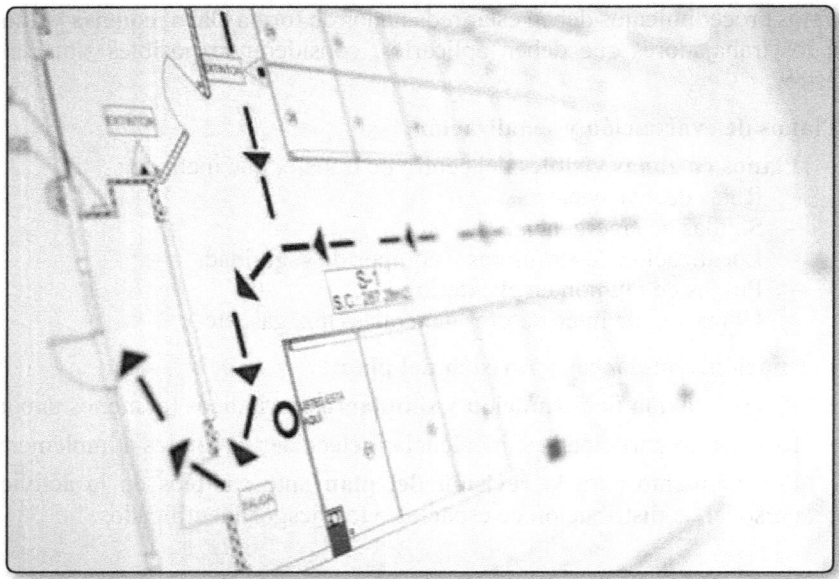

Con respecto a los tipos de simulacros, se distinguen:

- **Generales**: participación de todo el personal del centro (ej. evacuación por incendio).

- **Parciales**: centrados en un área específica o tipo de emergencia (ej. fuga química en laboratorio).

- **Internos**: organizados solo por personal interno.

- **Con participación externa**: intervención de bomberos, protección civil o servicios sanitarios (recomendado para centros de gran tamaño o complejidad).

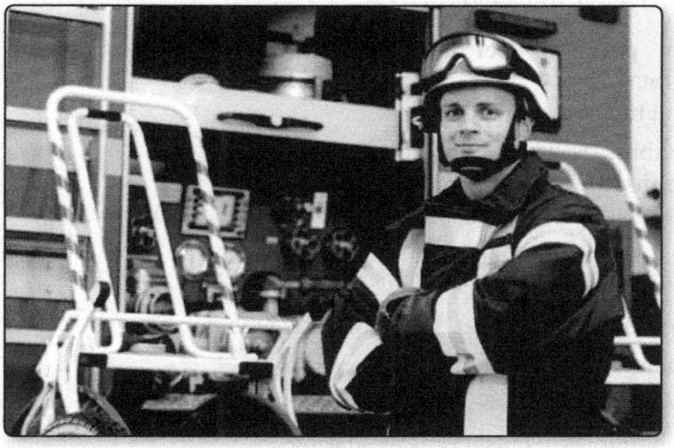

¿Cuál es la frecuencia recomendada?

- Al menos **una vez al año**.
- También cuando:
  - Se incorporan nuevos trabajadores.
  - Cambia la distribución de espacios o procesos.
  - Se detectan deficiencias en anteriores simulacros.

Por último, tras su realización, debe elaborarse un **informe de evaluación** que incluya:

- Tiempo de respuesta y evacuación.
- Comportamiento del personal.
- Fallos o incidencias detectadas.
- Propuestas de mejora.
- Responsables de aplicar las correcciones.

Ejemplo

En un simulacro de incendio, se detecta que un grupo de trabajadores evacuó por una ruta bloqueada por obras. La señalización se modifica y se planifica una nueva práctica.

Formación en planes de emergencia

La **formación específica** es la herramienta que permite al personal **actuar de forma segura y eficaz** ante cualquier emergencia. Debe garantizar que todos conocen sus funciones, los protocolos establecidos y los recursos disponibles.

¿Quién debe recibir formación?

▸ **Todo el personal del centro**, incluidos eventuales, becarios y personal subcontratado.
▸ De forma más específica:
  - Miembros de los equipos de evacuación.
  - Responsables de primeros auxilios.
  - Coordinador de emergencias o jefe de intervención.

Los contenidos mínimos de la formación deben ser:

▸ Tipos de riesgos y posibles situaciones de emergencia.
▸ Funcionamiento del plan de emergencia.
▸ Rutas de evacuación y puntos de encuentro.
▸ Uso de extintores y pulsadores de alarma.
▸ Protocolos de evacuación de personas con movilidad reducida.
▸ Comunicación con servicios de emergencia.

¿Qué metodologías pueden usarse?

▸ **Sesiones teóricas**: apoyadas con presentaciones, vídeos o guías impresas.
▸ **Formación práctica**: con simulaciones, manejo de extintores y juegos de roles.
▸ **Evaluaciones periódicas**: para comprobar la asimilación del contenido.

Además, la formación debe ser **continua y adaptada** a los cambios del centro: nuevas incorporaciones, reformas, modificación de riesgos, etc.

Coordinación con empresas externas

Si en el centro de trabajo existen **empresas contratistas o subcontratistas**, estas deben:

▶ Estar **informadas del plan de emergencia** del centro.

▶ Participar en la **formación y simulacros** si están presentes durante la actividad.

▶ Coordinar sus propios procedimientos con los del centro principal (**coordinación de actividades empresariales**).

5.4.3 Coordinación en emergencias

La **coordinación en emergencias** es un aspecto clave para garantizar que, en caso de producirse una situación crítica —como un incendio, una explosión, una fuga de gas o cualquier otro incidente grave— se actúe de forma **organizada, eficiente y segura**. La coordinación debe estar prevista, planificada y estructurada dentro del **Plan de Emergencia**, y no dejarse al azar o a la improvisación.

En una emergencia, el tiempo de reacción es limitado, y cualquier error de comunicación, duplicidad de funciones o falta de liderazgo puede traducirse en **pérdida de vidas, daños materiales o colapso del sistema de respuesta**. Por ello, es fundamental establecer un modelo de coordinación **claro, jerarquizado y funcional**, tanto **a nivel interno** (dentro de la empresa) como **externo** (con los servicios públicos de emergencia).

Coordinación interna: roles y estructura

Cada plan de emergencia debe definir con antelación **quién hace qué** en una situación de crisis. Para ello, se organiza un **organigrama funcional de emergencia**, que incluye:

1. **Coordinador de emergencia o jefe de intervención:**
   - Persona con **autoridad y capacidad de decisión inmediata**.
   - Coordina todas las acciones internas.
   - Evalúa la gravedad del suceso y activa el plan.
   - Contacta con los **servicios externos de emergencia**.
   - Es el interlocutor principal con autoridades y cuerpos de intervención.

2. **Equipo de alarma y evacuación:**
   - Encargado de **difundir la alarma**, orientar la evacuación y comprobar que nadie queda dentro del edificio.
   - Debe conocer perfectamente las **rutas de evacuación, los puntos de reunión y el protocolo de actuación**.

3. **Equipo de primera intervención:**
   - Formado por personal **formado en extinción de incendios y contención inicial del suceso.**
   - Su función es actuar **solo si no hay riesgo para su propia seguridad.**
   - También pueden ayudar a cortar suministros o activar sistemas automáticos.

4. **Equipo de primeros auxilios:**
   - Atiende a posibles heridos o afectados hasta la llegada de servicios médicos.
   - Debe contar con **formación específica y acceso al botiquín o equipos de asistencia.**

5. **Trabajadores de apoyo:**
   - Pueden desempeñar funciones de apoyo a personas con movilidad reducida, cerrar accesos, custodiar documentación, etc.

ⓘ Ejemplo

En un edificio de oficinas, cada planta cuenta con un responsable de evacuación. En caso de incendio, estos responsables guían a sus compañeros por las salidas señalizadas, informan al coordinador y confirman que no queda nadie dentro.

Coordinación con servicios externos

En situaciones graves, es imprescindible la **cooperación fluida con los servicios de emergencia públicos**: bomberos, servicios sanitarios, policía, protección civil, etc.

Algunos aspectos clave para una buena coordinación externa son:

1. **Información anticipada y accesible:**
   - El plan de emergencia debe estar **a disposición de los servicios externos**, preferiblemente en formato accesible (plano de planta, ubicación de instalaciones críticas, salidas, etc.).
   - Se recomienda mantener contacto previo con los servicios locales (bomberos, ambulancias) y hacer **visitas técnicas conjuntas** al centro.

2. **Interlocutor designado:**
   - El **coordinador de emergencia** o una persona específica debe actuar como **único portavoz autorizado** ante los servicios de emergencia externos, para evitar confusión o contradicciones.

3. **Colaboración durante la intervención:**
   - El personal interno debe **respetar las órdenes de los cuerpos de intervención** y facilitar el acceso a todas las zonas necesarias.
   - Es conveniente designar personal que **acompañe a los equipos externos** dentro del edificio si es seguro hacerlo.

4. **Zonas de encuentro y señalización:**
   - El centro debe tener definidos **puntos de encuentro y de acceso para vehículos de emergencia**, claramente señalizados y libres de obstáculos.

Coordinación en centros con varias empresas (CAEs)

Cuando varias empresas **comparten un mismo centro de trabajo**, como ocurre en obras, centros logísticos, complejos industriales o instalaciones compartidas, es obligatorio aplicar **procedimientos de Coordinación de Actividades Empresariales (CAE)**.

En estos casos:

▶ Se debe elaborar un **Plan de Emergencia común**, consensuado entre todas las empresas implicadas.

▶ Cada empresa debe:
- Informar a sus trabajadores sobre el plan.
- Designar representantes para la actuación en emergencias.
- Participar en simulacros y formaciones conjuntas.

▶ Se designará un **responsable coordinador** que garantice la coherencia y aplicación efectiva del plan en su conjunto.

> ### ⓘ Importante
>
> La falta de coordinación entre empresas puede provocar interferencias peligrosas (por ejemplo, una empresa evacuando mientras otra activa sistemas de cierre), aumentando el riesgo para todos.

Comunicación y medios de alerta

Una **coordinación eficaz requiere medios de comunicación operativos y redundantes**, especialmente en entornos grandes o ruidosos:

▶ Sistemas de megafonía o altavoces.
▶ Emisores portátiles (walkie-talkies).
▶ Mensajería de emergencia (sirenas, luces intermitentes, mensajes móviles).
▶ Teléfonos fijos y móviles disponibles para contactar con servicios externos.

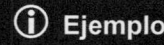

Ejemplo

En una planta industrial con mucho ruido ambiental, se combinan alarmas acústicas con luces estroboscópicas y mensajes automáticos por megafonía.

5.5 PRIMEROS AUXILIOS EN EL ENTORNO LABORAL

Los **primeros auxilios** son el conjunto de actuaciones y cuidados inmediatos que se prestan a una persona que ha sufrido un accidente o una enfermedad repentina en el lugar de trabajo, **antes de la llegada de personal sanitario especializado**. Su objetivo es **preservar la vida, evitar el agravamiento de las lesiones y favorecer la recuperación** del trabajador afectado.

La adecuada organización de los primeros auxilios en la empresa implica **disponer de medios materiales**, **personal formado** y **protocolos de actuación claramente definidos**, de forma que la respuesta ante una situación crítica sea **rápida, eficaz y segura**.

5.5.1 Actuaciones básicas ante situaciones de emergencia

Las **actuaciones básicas en primeros auxilios** deben seguir una secuencia lógica y ordenada, basada en el principio de **proteger, avisar y socorrer (PAS)**. Esta pauta permite intervenir de forma segura, valorando correctamente la situación y evitando errores que podrían agravar el estado de la víctima.

Evaluación de la escena: proteger

Antes de intervenir, lo más importante es **proteger la zona y evitar nuevos riesgos** para la víctima, el socorrista y otras personas presentes.

¿Cuáles son los pasos?

- Asegurar que no hay **riesgo eléctrico, químico, de fuego o de derrumbe**.

- Retirar si es posible los elementos peligrosos o **alejar a la víctima del peligro**, solo si no se agrava su estado.

- Señalizar la zona para evitar nuevos accidentes.

Ejemplo

En caso de descarga eléctrica, no se debe tocar a la víctima hasta cortar la corriente o asegurar la desconexión.

Avisar a los servicios de emergencia

Una vez asegurada la escena, es fundamental **pedir ayuda profesional** cuanto antes, y considerar lo siguiente:

- ► **Teléfono 112**: número único europeo para urgencias (sanitarias, policiales, bomberos).

- ► Informar con claridad:
  - Qué ha ocurrido.
  - Dónde ha sucedido (dirección exacta).
  - Estado de la víctima (consciente/inconsciente, sangrado, respiración…).
  - Quién llama y desde qué número.

El aviso debe realizarse **sin retrasos**. Mientras se llama, otra persona puede iniciar las maniobras de socorro si está formada.

Socorrer: primeros auxilios inmediatos

Las actuaciones varían en función del estado de la víctima y el tipo de emergencia. A continuación, se describen las intervenciones básicas más comunes:

1. **Comprobar el estado de conciencia:**
   - **Hablar a la víctima**, tocarla con suavidad.
   - Si no responde, se considera **inconsciente**.

2. **Valorar respiración y pulso:**
   - Comprobar si **respira** observando el movimiento torácico, escuchando o sintiendo el aire.
   - En caso de **ausencia de respiración**, iniciar **maniobras de reanimación cardiopulmonar (RCP)**.

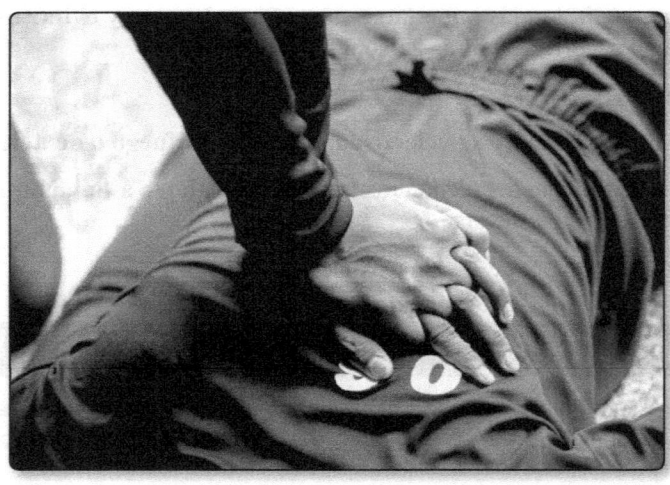

> ### ⓘ Nota
>
> La maniobra RCP solo debe realizarse por personal formado, pero todos los trabajadores deben conocer su importancia y cómo pedir ayuda.

3. **Colocar en posición lateral de seguridad (PLS):**
   - Si la persona está inconsciente, pero **respira con normalidad**, se debe colocar de lado para **evitar atragantamiento por vómito o lengua caída**.

4. **Control de hemorragias:**
   - Aplicar **presión directa** con una gasa o tela limpia sobre la herida.
   - Mantener la presión hasta la llegada de ayuda médica.
   - Elevar el miembro afectado si es posible.

5. **Atención en quemaduras:**
   - Enfriar la zona afectada con **agua fresca (no helada)** durante al menos 10 minutos.
   - No aplicar pomadas ni romper ampollas.
   - Cubrir con un apósito estéril o tela limpia sin presionar.

6. **Fracturas o golpes graves:**
   - **Inmovilizar la zona afectada** sin intentar recolocar huesos.
   - Evitar movimientos innecesarios.
   - No administrar alimentos ni bebidas.

7. **Actuación ante desmayos o lipotimias:**
   - Colocar a la persona tumbada con las **piernas elevadas**.
   - Aflojar la ropa y facilitar la ventilación.
   - No agitar a la víctima ni ofrecer líquidos si no está totalmente consciente.

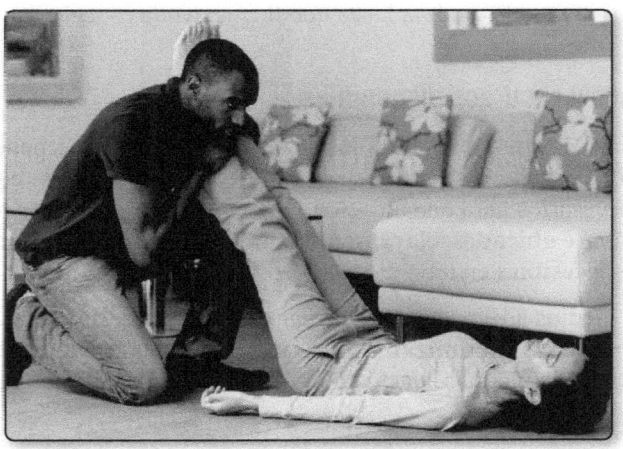

8. **Atragantamiento:**
   - Si la persona no puede respirar ni hablar:
     - Aplicar la **maniobra de Heimlich** (compresiones abdominales).

     - Si pierde el conocimiento, iniciar RCP si se está capacitado.

De forma general, las medidas de actuación se resumen en:

▶ **Mantener la calma** y actuar con rapidez.

▶ No mover a la víctima si no es absolutamente necesario.

▶ No suministrar medicamentos sin autorización médica.

▶ Proteger la intimidad de la persona atendida.

▶ Esperar junto a la víctima hasta que llegue ayuda especializada.

5.5.2 Equipos y recursos disponibles

La eficacia de los **primeros auxilios en el entorno laboral** depende del conocimiento del personal y de la **disponibilidad y adecuación de los equipos y recursos materiales** necesarios para una atención inmediata y segura. Estos recursos deben estar **estratégicamente ubicados, claramente señalizados, en buen estado de conservación y fácilmente accesibles** en todo momento.

Tener los medios adecuados para actuar en los primeros minutos de una emergencia puede **salvar vidas, minimizar daños y acelerar la recuperación** del trabajador afectado, además de facilitar la actuación de los servicios de emergencia cuando lleguen al lugar.

El botiquín de primeros auxilios

El **botiquín** es el elemento básico e imprescindible en cualquier lugar de trabajo, independientemente del sector o del número de trabajadores. Su contenido debe adaptarse al tipo de actividad desarrollada, al tamaño del centro y a los riesgos existentes.

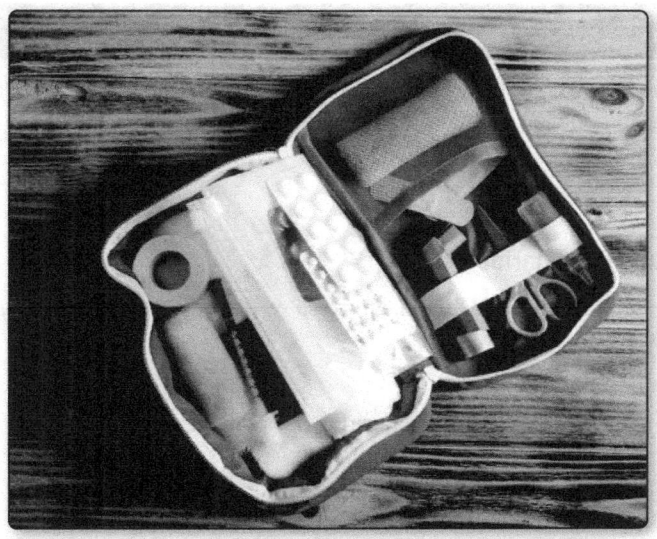

¿Cuál es su contenido mínimo recomendado (según el INSST)?

- Gasas estériles y vendas.
- Esparadrapo y cinta adhesiva.
- Apósitos adhesivos (tipo tiritas).
- Antisépticos (como povidona yodada o clorhexidina).
- Tijeras de punta redonda.
- Guantes desechables de un solo uso.
- Mascarilla de protección facial para RCP.
- Pinzas limpias.
- Suero fisiológico en monodosis.
- Manta térmica.
- Manual básico de primeros auxilios.

El botiquín debe **revisarse periódicamente** para reponer el material usado y comprobar la **fecha de caducidad de los productos**.

El botiquín debe estar **situado en un lugar accesible, visible y claramente señalizado** con el pictograma normalizado de primeros auxilios (cruz blanca sobre fondo verde).

En empresas con varias plantas o zonas de trabajo, se recomienda **instalar varios puntos de primeros auxilios**, evitando desplazamientos innecesarios durante una emergencia.

Deben colocarse en zonas **alejadas de fuentes de calor, humedad o contaminación**.

ⓘ Ejemplo

En un taller mecánico, el botiquín está colocado junto a la entrada, protegido en una caja de plástico rígido con cierre, y claramente identificado con un cartel visible desde varios metros.

Dispositivos complementarios

En función de la actividad de la empresa y del número de trabajadores, pueden requerirse **recursos adicionales**:

1. **Camilla de evacuación:**
   - Para transportar a personas heridas o inconscientes.
   - Recomendadas en centros de gran extensión, con escaleras o zonas de difícil acceso.

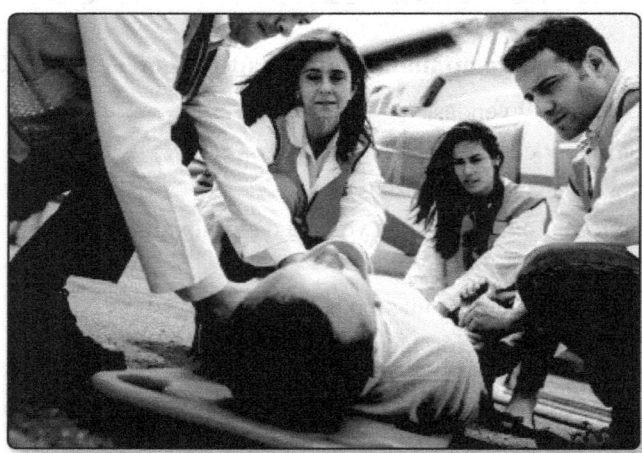

2. **Ducha de emergencia y lavaojos:**
   - Imprescindibles en **laboratorios, industrias químicas, talleres o almacenes** donde exista riesgo de salpicaduras químicas o exposición a sustancias corrosivas.
   - Deben activarse de forma inmediata con una sola maniobra y estar **accesibles en menos de 10 segundos** desde el punto de riesgo.

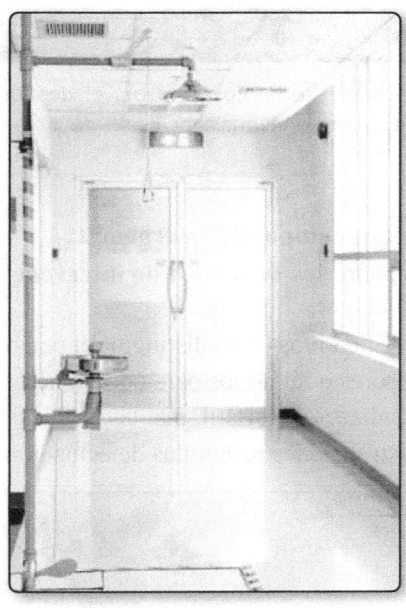

3. **Desfibrilador semiautomático (DESA):**

   - Recomendado en centros con gran afluencia o riesgo cardiovascular (edificios públicos, gimnasios, aeropuertos, centros comerciales, etc.).
   - Su instalación y uso están regulados por normativa autonómica.
   - Debe ir acompañado de **personal formado** en soporte vital básico y uso del equipo.

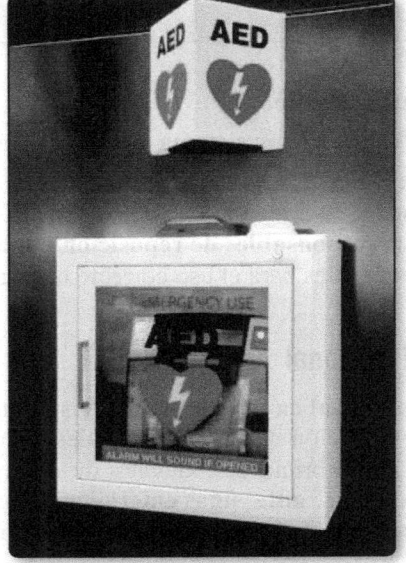

> **ⓘ Nota**
>
> Aunque no es obligatorio en todos los centros, el desfibrilador puede multiplicar por tres las probabilidades de supervivencia en caso de parada cardíaca si se usa en los primeros minutos.

4. **Equipamiento para equipos de emergencia:**

   Los **equipos de primeros auxilios o de intervención interna** deben contar con recursos propios, como:

   - Chalecos identificativos (para distinguir al personal responsable).
   - Radiotransmisores o teléfonos para coordinación.
   - Linternas, señalización portátil, mantas térmicas.
   - Fichas con instrucciones resumidas de actuación.

5. **Registro y mantenimiento:**

   Es fundamental establecer un **sistema de gestión del material** que incluya:

   - **Revisión periódica** del contenido del botiquín y de otros recursos.
   - Registro de **uso o incidencias**.
   - Asignación de **responsables de reposición y mantenimiento**.
   - Instrucciones visibles para el uso correcto del material.

5.5.3 Formación del personal

La **formación del personal en primeros auxilios** es un elemento esencial dentro de cualquier sistema de prevención de riesgos laborales. Aunque contar con los recursos adecuados (botiquines, desfibriladores, duchas de emergencia, etc.) es importante, **la eficacia de la respuesta ante una emergencia depende principalmente del conocimiento y la preparación de las personas que intervienen.**

Una actuación rápida, segura y correctamente aplicada en los primeros minutos tras un accidente puede **salvar vidas, reducir la gravedad de las lesiones y evitar secuelas permanentes**. Por ello, **todos los trabajadores deberían tener nociones básicas de primeros auxilios**, y, además, debe designarse a **personal específico con formación más avanzada**, en función del tamaño y características del centro de trabajo.

Los objetivos de la formación en primeros auxilios se resumen en:

▼ **Saber identificar una emergencia** y actuar de forma segura.

▼ Activar con rapidez el sistema de **alerta y coordinación** (avisar al 112, aplicar el protocolo PAS).

▼ Prestar **asistencia inicial** sin agravar el estado de la víctima.

▼ Utilizar correctamente los **recursos disponibles**: botiquín, manta térmica, lavaojos, etc.

▼ Reconocer cuándo es necesario intervenir o cuándo esperar asistencia profesional.

▼ Generar confianza y seguridad en el entorno laboral ante situaciones críticas.

ⓘ Nota

Una plantilla formada en primeros auxilios no sustituye a los servicios de emergencia, pero aumenta las posibilidades de supervivencia y mejora la capacidad de reacción general.

¿Quién debe recibir formación?

▼ **Todo el personal** del centro debe recibir al menos una formación **básica** en primeros auxilios.

▼ Se debe formar de forma **específica y más avanzada** a:

- Los miembros del **equipo de primeros auxilios** designados en el plan de emergencia.
- Personas que trabajen en **puestos de riesgo elevado** (mantenimiento, laboratorios, trabajos en altura, etc.).
- Personal de **nueva incorporación** o tras cambios organizativos.

Con respecto a los contenidos mínimos de la formación, se distinguen:

a) **Formación básica (para todo el personal):**
- Conceptos fundamentales de primeros auxilios.
- Activación del protocolo PAS (Proteger, Avisar, Socorrer).
- Cómo reconocer una situación de riesgo vital.
- Conducta ante heridas, hemorragias, quemaduras, contusiones y fracturas.
- Qué hacer ante un desmayo, convulsión o atragantamiento.

- Evacuación y atención inicial a personas conscientes e inconscientes.
- Uso básico del botiquín y recursos disponibles en la empresa.

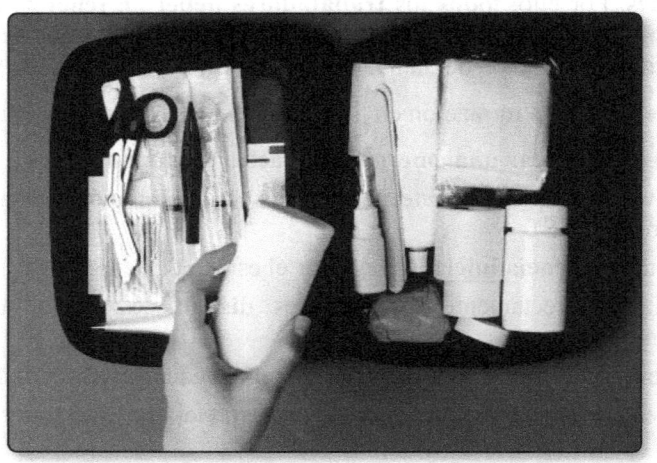

b) **Formación avanzada (para personal designado):**

- Soporte Vital Básico (SVB).
- Reanimación Cardiopulmonar (RCP) en adultos y uso del desfibrilador (DESA).
- Atención ante accidentes graves: electrocución, intoxicaciones, traumatismos.
- Movilización segura de heridos.
- Evaluación secundaria y colaboración con equipos de emergencia externos.
- Simulacros de actuación integrada con el plan de emergencia del centro.

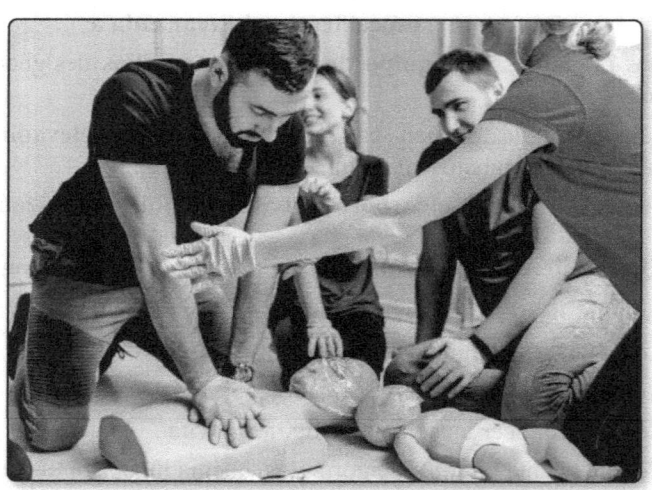

Además, la formación en primeros auxilios debe combinar **teoría y práctica**, con un enfoque participativo y realista:

▶ **Clases presenciales o virtuales** con apoyo audiovisual.

▶ **Talleres prácticos** de RCP, control de hemorragias o actuación ante quemaduras.

▶ **Simulacros o ejercicios** con recreación de emergencias.

▶ Material didáctico accesible: manuales, carteles explicativos, fichas rápidas.

▶ Evaluación de conocimientos y **actualización periódica**.

ⓘ Ejemplo

Una empresa organiza cada año un taller práctico donde se enseña a todos los trabajadores a realizar compresiones torácicas, usar un desfibrilador y actuar ante un atragantamiento, con maniquíes y simulaciones reales.

Es también importante considerar la frecuencia de la formación, por lo que diferenciamos:

▶ **Formación inicial**: al incorporarse al puesto de trabajo o al asumir nuevas responsabilidades.

▶ **Formación periódica de reciclaje**: al menos **cada 2 años** o según los riesgos del centro.

▶ **Reentrenamiento inmediato**: tras un incidente real o tras identificar deficiencias en un simulacro.

La **Ley de Prevención de Riesgos Laborales (Ley 31/1995)** establece que el empresario debe garantizar que:

▶ Los trabajadores **reciben formación suficiente y adecuada** en materia de primeros auxilios, especialmente los designados para prestar esta función.

▶ La formación se **imparte durante la jornada laboral y sin coste para el trabajador**.

▶ La empresa dispone de **los medios humanos y materiales necesarios** para aplicar los primeros auxilios hasta la llegada de asistencia especializada.

5.6 PRINCIPIOS DE ERGONOMÍA APLICADA

La **ergonomía** es la disciplina que se encarga de adaptar las condiciones del trabajo a las **capacidades físicas y psicológicas del ser humano**, con el fin de **prevenir daños en la salud, aumentar la eficiencia y mejorar el confort laboral**. Aplicar principios ergonómicos en el entorno de trabajo permite **minimizar el riesgo de lesiones musculoesqueléticas, fatiga, estrés y errores humanos**, lo que redunda en una mejora del rendimiento y la calidad del trabajo.

La ergonomía se basa en analizar todos los factores que afectan la interacción entre el trabajador y su entorno: **posturas, movimientos, herramientas, mobiliario, iluminación, carga de trabajo, etc**... Su correcta implementación debe abordarse desde la **fase de diseño del puesto de trabajo**, y revisarse periódicamente en función de los cambios organizativos, tecnológicos o productivos.

5.6.1 Diseño ergonómico del puesto de trabajo

El **diseño ergonómico del puesto de trabajo** consiste en **configurar el entorno físico y funcional del trabajo de forma que se adapte a las características del trabajador**, y no al revés. Para lograrlo, deben considerarse aspectos como **la altura de los elementos, la disposición del mobiliario, el espacio disponible, la visibilidad, la iluminación, el acceso a herramientas y materiales, y la posibilidad de variar de postura**.

Un diseño ergonómico previene la adopción de posturas forzadas, evita movimientos repetitivos innecesarios, mejora la circulación de aire, reduce el esfuerzo visual y auditivo, y disminuye los niveles de estrés físico y mental.

En los elementos clave del diseño ergonómico encontramos:

1. **Altura y superficie de trabajo:**
   - Las superficies de trabajo deben tener una **altura ajustada al tipo de tarea**:
     - **Tareas precisas o visuales**: superficie ligeramente elevada.
     - **Tareas de fuerza o manipulación**: superficie más baja.

- Debe evitarse que el trabajador tenga que **encorvarse o alzar los hombros**.
- La **superficie debe ser estable, amplia, antideslizante y con bordes redondeados**.

2. **Espacio de trabajo adecuado:**
   - El puesto debe permitir **movimientos libres y cómodos**, sin obstáculos que impidan la movilidad de piernas, brazos o espalda.
   - Se debe prever el **espacio necesario para el almacenamiento** de materiales, herramientas o documentos, de forma accesible.

3. **Asientos ergonómicos:**
   - Si el trabajo se realiza sentado, la silla debe tener:
     - **Altura regulable**.
     - **Respaldo ajustable**, que permita mantener la espalda recta.
     - **Base estable** con ruedas para facilitar el desplazamiento.
     - Reposabrazos y borde frontal redondeado.
   - Se recomienda alternar **posturas sentadas y de pie** siempre que sea posible.

ⓘ Ejemplo

En una oficina, se proporciona al personal sillas con ajuste lumbar y escritorios con altura regulable. Se alternan tareas frente al ordenador con pausas activas cada 50 minutos.

4. **Alcance funcional:**
   - Todos los objetos, herramientas y elementos de uso frecuente deben estar dentro de un **radio de alcance cómodo**, evitando torsiones o estiramientos forzados.

- Debe distinguirse entre:
  - **Zona de alcance habitual** (movimientos con el antebrazo).
  - **Zona de alcance máximo** (movimientos con el brazo extendido).

5. **Iluminación adecuada:**
   - Se debe contar con **luz natural siempre que sea posible**, complementada con iluminación artificial homogénea y sin deslumbramientos.
   - Para tareas precisas, se recomienda el uso de **lámparas de trabajo orientables**.

6. **Control del ruido y la temperatura:**
   - El puesto debe tener condiciones de **confort térmico, acústico y de ventilación**, según el tipo de trabajo.
   - La exposición prolongada al ruido puede generar fatiga y dificultades de concentración, incluso si no supera los niveles nocivos para la audición.

Cada persona tiene una **constitución física, fuerza, alcance y necesidades distintas**, por lo que el diseño debe ser lo más flexible posible:

- Mobiliario regulable en altura.
- Herramientas adaptadas al tamaño de la mano.
- Disposición adaptable para personas zurdas o con discapacidad.
- Espacio libre para movimientos y descansos.

El diseño ergonómico debe contemplar la **diversidad de los trabajadores** y evitar soluciones únicas que no se adapten a todos por igual.

Además, el diseño ergonómico debe realizarse **con la participación activa del trabajador**, quien mejor conoce las dificultades reales del puesto. La observación directa y la recogida de sugerencias permiten **ajustes personalizados y más efectivos**.

También, el diseño del puesto debe formar parte de la **evaluación de riesgos ergonómicos** (mediante herramientas como REBA, RULA, OWAS…).

Por último, cualquier cambio en el puesto, en el proceso o en el trabajador (por ejemplo, tras un accidente o baja médica), debe conllevar una **revisión ergonómica**.

5.6.2 Prevención de lesiones musculoesqueléticas

Las **lesiones musculoesqueléticas** son una de las principales causas de **baja laboral y enfermedad profesional** en todos los sectores de actividad. Afectan principalmente a la **espalda, cuello, hombros, brazos, muñecas y piernas**, y están originadas por **sobrecargas físicas, posturas inadecuadas, movimientos repetitivos, manipulación de cargas, esfuerzo excesivo o ausencia de pausas adecuadas**.

Estas lesiones no solo impactan negativamente en la salud y calidad de vida del trabajador, sino que también generan **costes económicos importantes** para las empresas (absentismo, descenso de productividad, rotación de personal, etc.). Por ello, su **prevención constituye una prioridad dentro de la ergonomía aplicada** en el entorno laboral.

¿Cuáles son los principales tipos de lesiones musculoesqueléticas?

▼ **Lumbalgias**: dolores en la zona baja de la espalda, frecuentemente relacionados con sobreesfuerzos o malas posturas.

▼ **Tendinitis**: inflamación de los tendones por movimientos repetitivos (frecuente en hombros, codos y muñecas).

▼ **Síndrome del túnel carpiano**: compresión del nervio mediano en la muñeca, común en trabajos de mecanografía, montaje o uso prolongado del ratón.

▼ **Epicondilitis (codo del tenista)**: lesión en la inserción de los músculos extensores del antebrazo.

▼ **Cervicalgias**: tensiones y dolores en la zona del cuello y trapecios.

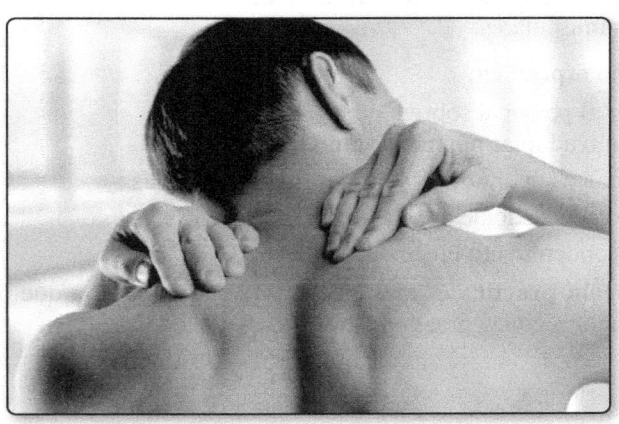

ⓘ Ejemplo

Una persona que pasa muchas horas frente al ordenador con el monitor a una altura inadecuada puede desarrollar dolor cervical y fatiga ocular, agravados por el estrés postural.

Con respecto a los principales factores de riesgo asociados, destacan:

1. **Posturas forzadas o mantenidas** durante largos periodos.

2. **Movimientos repetitivos** con poca variación.

3. **Manipulación manual de cargas** sin ayudas técnicas.

4. **Fuerzas excesivas** aplicadas con manos, hombros o espalda.

5. **Uso de herramientas o mobiliario no ergonómico**.

6. **Falta de descansos o pausas activas**.

7. **Condiciones ambientales desfavorables**, como frío o vibraciones.

¿Cuáles son las principales estrategias de prevención?

1. **Diseño ergonómico del puesto:**
   - Adaptar el entorno de trabajo a las dimensiones y características del trabajador.
   - Utilizar mobiliario ajustable (sillas, mesas, soportes de pantalla...).
   - Colocar materiales y herramientas al **alcance natural del cuerpo** para evitar torsiones y sobreesfuerzos.

2. **Organización de la tarea:**
   - **Reducir la duración de tareas repetitivas** o físicamente exigentes.
   - Establecer **pausas programadas** (cada 50-60 minutos) para cambiar de postura o realizar estiramientos.
   - Favorecer la **rotación de tareas** para evitar la sobrecarga de los mismos grupos musculares.

3. **Formación específica:**
   - Instruir al personal sobre:
     - Cómo adoptar **posturas saludables**.
     - Técnicas de **manipulación manual de cargas**.
     - Uso adecuado de ayudas técnicas.
     - Reconocimiento precoz de síntomas.

La **formación práctica** es más efectiva que la teórica, ya que permite **corregir hábitos incorrectos** y practicar alternativas saludables.

4. **Uso de ayudas mecánicas y equipos de asistencia:**
   - Carros, grúas, poleas, plataformas elevadoras, sillas ergonómicas, reposapiés, soportes lumbares.
   - Reducen la necesidad de aplicar fuerza y previenen la fatiga acumulativa.

ⓘ Ejemplo

En una cadena de montaje, se instalan mesas regulables en altura para permitir el trabajo tanto sentado como de pie, ajustado a cada operario.

5. **Promoción de la salud y el autocuidado:**
   - Fomentar la actividad física regular entre el personal.
   - Informar sobre la **importancia de mantener un buen tono muscular**.
   - Detectar y tratar precozmente molestias físicas antes de que evolucionen a lesiones.

Además, existen herramientas específicas para **analizar y prevenir estos riesgos**:

- ▶ **REBA (Rapid Entire Body Assessment)**: evalúa la carga postural de todo el cuerpo.
- ▶ **RULA (Rapid Upper Limb Assessment)**: centrado en extremidades superiores.
- ▶ **NIOSH**: para evaluación del riesgo en la manipulación manual de cargas.
- ▶ **OWAS**: análisis del trabajo en posturas forzadas.
- ▶ **Check-lists del INSST**: listas de verificación adaptadas al entorno español.

Estas herramientas permiten tomar decisiones preventivas basadas en **evidencia y criterios técnicos**.

5.6.3 Evaluación y mejora de condiciones posturales

La **evaluación y mejora de las condiciones posturales** constituye una acción preventiva clave para reducir los riesgos derivados de la exposición a **posturas forzadas, mantenidas o inadecuadas** en el entorno laboral. Las malas posturas están estrechamente relacionadas con la aparición de **trastornos musculoesqueléticos** y con el descenso de la productividad, la concentración y el bienestar general del trabajador.

Una postura inadecuada mantenida durante largos periodos, como inclinar el tronco hacia adelante, girar el cuello de forma constante o trabajar con los brazos elevados, puede generar **fatiga física, molestias o lesiones crónicas**, especialmente en la espalda, el cuello, los hombros y las extremidades superiores. Para prevenirlo, es necesario **identificar y analizar las posturas adoptadas**, aplicar medidas de corrección ergonómica y fomentar hábitos saludables.

¿Qué se entiende por postura adecuada?

Una postura es adecuada cuando permite al trabajador:

▸ Mantener una **alineación natural de la columna vertebral**.
▸ Evitar **tensiones excesivas** en músculos y articulaciones.
▸ Realizar movimientos con **mínimo esfuerzo físico**.
▸ Cambiar de posición con facilidad a lo largo de la jornada.

ⓘ **Ejemplo**

Trabajar con la espalda recta, los pies apoyados en el suelo y los antebrazos formando un ángulo recto con respecto al cuerpo es una postura correcta en tareas de oficina.

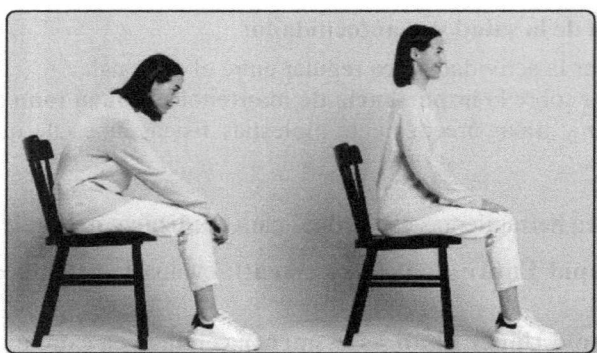

La evaluación postural debe realizarse en todos los puestos donde exista riesgo de:

▸ **Posturas forzadas o incómodas**.
▸ **Posiciones mantenidas** durante tiempos prolongados.
▸ **Movimientos repetitivos** en la misma zona corporal.
▸ **Espacios reducidos** que limiten la movilidad.

¿Cuáles son los principales métodos de evaluación utilizados?

1. **Observación directa del puesto** y de la tarea durante su ejecución.
2. **Encuestas y entrevistas** con el personal para detectar molestias físicas.
3. **Herramientas de análisis postural**, como:
   - **REBA (Rapid Entire Body Assessment)**: valora posturas del cuerpo entero.
   - **RULA (Rapid Upper Limb Assessment)**: centrado en extremidades superiores.
   - **OWAS**: analiza posturas en trabajos manuales o de carga.
   - **Checklists ergonómicos del INSST**.

Estas herramientas permiten asignar una puntuación al riesgo postural y priorizar las acciones correctivas más urgentes.

Por su parte, algunas medidas para mejorar las condiciones posturales son las siguientes:

1. **Rediseño del puesto de trabajo:**
   - Ajustar **la altura de las superficies de trabajo** según el tipo de tarea.
   - Reubicar herramientas y materiales para que estén dentro del **alcance cómodo del trabajador**.
   - Eliminar barreras físicas que impidan el movimiento natural del cuerpo.
2. **Uso de mobiliario y herramientas ergonómicas:**
   - Sillas ajustables, reposapiés, soportes para monitores, alfombrillas con reposamuñecas, herramientas con empuñaduras anatómicas, etc.
   - Equipos diseñados para reducir el esfuerzo articular y evitar posiciones extremas.

3. **Fomentar el cambio de postura:**

- Promover la **alternancia entre tareas** para evitar la repetición continua del mismo movimiento.
- Establecer **pausas activas** que permitan estiramientos o desplazamientos breves cada cierto tiempo.
- Proporcionar **espacios de descanso o movilidad** para el personal que trabaja de pie o en posturas estáticas.

ⓘ Ejemplo

En una cadena de montaje, se introduce un pequeño cambio de tarea cada 45 minutos para evitar la sobrecarga postural en muñecas y hombros.

4. **Formación y concienciación del personal:**

- Instruir al trabajador sobre la **importancia de mantener posturas saludables**.
- Enseñar a **autorregular la altura del asiento, el monitor o el reposapiés**.
- Facilitar **materiales visuales o charlas breves** que refuercen los principios ergonómicos.

(i) Nota

La concienciación es clave: una buena herramienta mal usada o un puesto bien diseñado pero mal aprovechado no eliminan el riesgo postural.

5. **Seguimiento y mejora continua:**
   - Realizar **revisiones periódicas** de las condiciones posturales y del estado físico del trabajador.
   - Recoger **información sobre molestias o lesiones** relacionadas con el puesto.
   - Incluir la ergonomía postural en el **plan de prevención y en la vigilancia de la salud**.
   - Adaptar los puestos en función de la edad, la condición física o los antecedentes médicos del personal.

5.7 AUTOEVALUACIÓN DE LA SECCIÓN

Redacta un breve listado con los dispositivos de protección colectiva (resguardos, ventilación, señalización, barreras físicas, etc.) que puedas encontrar en tu puesto de trabajo o en un entorno simulado. Describe brevemente su función preventiva y evalúa si se encuentran en buen estado y correctamente señalizados.

Selecciona un puesto de trabajo (propio, conocido o simulado) y describe sus condiciones ergonómicas. Evalúa aspectos como la altura de la superficie, el tipo de silla, la disposición de herramientas o equipos, y la posibilidad de adoptar posturas saludables. Propón al menos dos mejoras ergonómicas concretas que puedan implementarse.

Piensa en una tarea concreta que implique algún tipo de riesgo laboral (por ejemplo, manipulación de productos químicos, trabajo en altura o uso de maquinaria). Describe los EPIs adecuados para esa tarea y analiza si en la práctica suelen utilizarse correctamente. Reflexiona sobre qué factores pueden dificultar su uso correcto y cómo se podría mejorar su utilización.

Imagina que debes elaborar un pequeño protocolo de evacuación para el espacio en el que te encuentras (tu aula, oficina o cualquier otra dependencia). Describe los pasos a seguir ante una emergencia, indicando rutas de salida, punto de encuentro, responsables de guiar la evacuación y sistemas de aviso disponibles. Identifica posibles obstáculos o carencias en el entorno real.

Durante una jornada de trabajo, estudio o actividad cotidiana, observa tu postura (o la de otra persona) durante al menos 15 minutos. Identifica si existen desviaciones de las recomendaciones ergonómicas (espalda encorvada, cuello inclinado, apoyos incorrectos, etc.). Explica qué ajustes inmediatos se podrían aplicar para mejorar la postura y prevenir molestias musculares a largo plazo.

5.7.1 Preguntas tipo test

1. **¿Cuál de las siguientes afirmaciones define correctamente una medida de protección colectiva?**
   a) Es un equipo que protege solo al trabajador que lo lleva puesto.
   b) Se utiliza únicamente en trabajos en altura.
   c) **Protege simultáneamente a todos los trabajadores expuestos a un riesgo.**
   d) Solo se utiliza como medida auxiliar en caso de fallo de los EPIs.

2. **¿Qué tipo de señal se representa con forma circular, fondo azul y pictograma blanco?**
   a) Advertencia.
   b) **Obligación.**
   c) Prohibición.
   d) Emergencia.

3. **El uso de mascarillas FFP2 corresponde a un tipo de protección...**
   a) Auditiva.
   b) Ocular.
   c) **Respiratoria.**
   d) Química.

4. **¿Cuál es el orden correcto de actuación en primeros auxilios según el protocolo PAS?**
   a) **Proteger, Avisar, Socorrer.**
   b) Prevenir, Asistir, Suministrar.
   c) Proteger, Actuar, Sanar.
   d) Prevenir, Auxiliar, Señalizar.

5. **¿Qué herramienta permite evaluar el riesgo postural de extremidades superiores?**
   a) OWAS.
   b) NIOSH.
   c) **RULA.**
   d) INSHT.

6. **¿Qué debe hacer un trabajador si detecta que su EPI está deteriorado?**
   a) Repararlo por su cuenta.
   b) Seguir utilizándolo si aún parece útil.
   c) **Comunicarlo a su superior para su sustitución inmediata.**
   d) Prestarlo a un compañero y usar otro.

7. **¿Cuál es el objetivo principal de un plan de emergencia y evacuación?**
   a) **Proteger la vida y la integridad de las personas ante una situación crítica.**
   b) Sancionar a quienes incumplen las normas de seguridad.
   c) Almacenar materiales peligrosos en un lugar seguro.
   d) Realizar simulacros para evitar auditorías externas.

8. **¿Qué recurso permite la limpieza inmediata de los ojos en caso de contacto con sustancias químicas?**
   a) Botiquín.
   b) **Lavaojos.**
   c) Ducha de emergencia.
   d) Mascarilla.

9. **¿Cuál es una medida eficaz para prevenir lesiones musculoesqueléticas por movimientos repetitivos?**
   a) Aumentar el ritmo de trabajo.
   b) **Establecer pausas activas y rotación de tareas.**
   c) Usar siempre guantes protectores.
   d) Reforzar la musculatura con peso extra.

10. **¿Qué función tiene el equipo de alarma y evacuación en un plan de emergencia?**
   a) Apagar incendios.
   b) Atender a heridos.
   c) **Activar la alarma, guiar la evacuación y asegurar que nadie quede dentro.**
   d) Coordinar con los medios de comunicación externos.

SÍGUENOS EN INSTAGRAM Y ACCEDE GRATIS A NUESTRA BIBLIOTECA DIGITAL DURANTE 30 DÍAS.

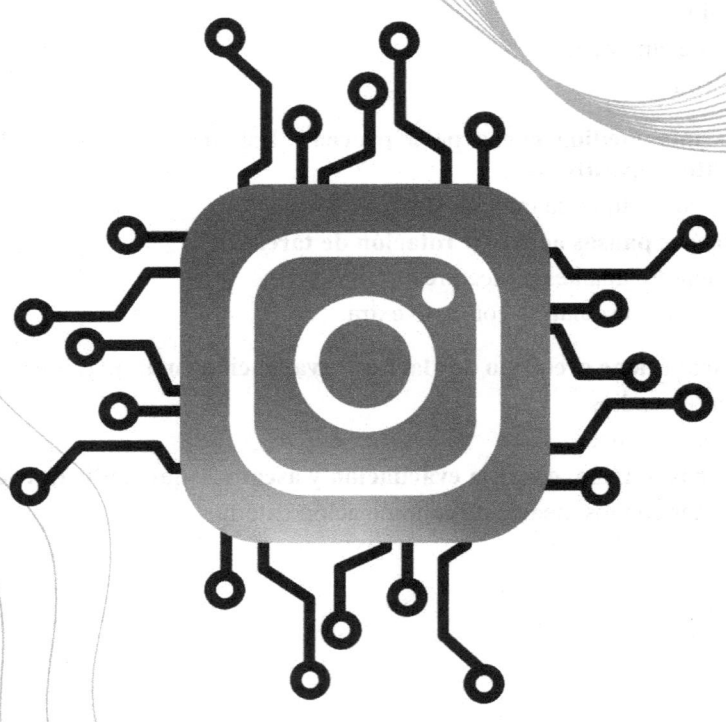

@grupoeditorialrama

¡ENVÍANOS TU MAIL POR PRIVADO!